LUTHER-
VERLAG

AF533892

KLAUS BÄUMLIN

AUF DEM WEG ZUR FREIHEIT

DAS BUCH EXODUS

Luther-Verlag

Bibliographische Information der Deutschen Nationalbibliothek
Die Deutsche Nationalbibliothek verzeichnet diese Publikation in der Deutschen Nationalbibliographie; detaillierte bibliographische Daten sind im Internet über http://dnb.d-nb.de abrufbar.
ISBN 978-3-7858-0896-2

Umschlaggestaltung: tiefschwarz und edelweiß, Hagen
Satz: Luther-Verlag, Bielefeld
Druck und Bindung: Beltz Grafische Betriebe GmbH, Bad Langensalza
Printed in Germany

INHALT

Eine Geschichte von Befreiung, Gefährdung und Bewahrung der Freiheit 7

Namen 13
Die Unterdrückung 18
Beherzte Frauen 21
Flucht nach Midian 27
»Ich werde sein, der ich sein werde« 33
JHWH 40
Auf nach Ägypten zum Pharao! 47
»Lass mein Volk ziehen« 51
Eine »Gedächtnisgeschichte« 58
Passah, das Fest der Erinnerung an den Exodus 64
Ein historischer Kern 73
Die dunkle Seite Gottes 79
Humanität gegenüber Fremden 84
Der Weg zur Freiheit führt durch das Meer 87
... und durch die Wüste 96
Manna: Jeder so viel, wie er zum Essen braucht 100
Amalek 108

Der weise Rat des Jitro 115
Ein komplexes Textgefüge 123
Donner und Blitz, Feuer, Erdbeben und
Hörnerschall 130
Der Dekalog, die Zehn Worte 135
Das erste Gebot (Ex 20,2 f.)................................... 139
Das zweite Gebot (Ex 20,4-6) 142
Das dritte Gebot (Ex 20,7)..................................... 148
Das vierte Gebot: Der Sabbat (Ex 20,8-11) 154
Das fünfte Gebot: Altersvorsorge in Israel (Ex 20,12) 160
Die Gebote sechs bis zehn –
Selbstverständlichkeiten? (Ex 20,13-17) 163
Das Bundesbuch 175
Sklaven sind nicht rechtlos 178
»Auge um Auge, Zahn um Zahn« 183
Freiheit begründet Solidarität................................. 185
Vor Gericht.. 193
Anweisung zur Schonung von Menschen,
Tieren und Natur 197
Der Bund 204
Der gebrochene Bund: Das goldene Kalb.......................... 210
Gottes zwei Seiten 221
Die Autorität des Mose... 227
Das Heiligtum: Die Befreiung feiern 230

Epilog 243
Literaturhinweise.. 245

EINE GESCHICHTE VON BEFREIUNG, GEFÄHRDUNG UND BEWAHRUNG DER FREIHEIT

When Israel was in Egypt's land:
Let my people go,
Oppress'd so hard they could not stand.
Let my people go.

Go down, Moses,
Way down in Egypt land,
Tell old Pharaoh,
Let my people go.

Thus saith the Lord bold Moses said:
Let my people go,
If not I'll smite your firstborn dead.
Let my people go.

Go down, Moses ...

No more shall they in bondage toil.
Let my people go,
Let them come out with Egypt's spoil!
Let my people go.

Go down, Moses ...

The Lord told Moses what to do.
Let my people go,
To lead the children of Israel through.
Let my people go.

Go down, Moses ...

O let us all from bondage flee.
Let my people go,
And let us all in Christ be free.
Let my people go.

Go down, Moses ...

Das bekannte Spiritual soll ursprünglich von schwarzen Sklaven in Virginia gesungen worden sein. Sie haben sich selber und ihre Situation, aber auch ihre Hoffnungen auf Freiheit in der Geschichte des biblischen Exodus wiedererkannt. Dies ist nur ein Beispiel dafür, wie die alte Sage vom Auszug der Israeliten aus der ägyptischen Sklaverei über Jahrtausende hinweg Menschen inspiriert und ermutigt hat.

Die Exoduserzählung ist die Geschichte der Befreiung. Und die Geschichte eines Aufbruchs. »Die Revolution der Alten Welt« heißt der Untertitel des 2015 erschienenen Buchs über den Exodus des Ägyptologen Jan Assmann. Ägypten steht für die Alte Welt, in der Stabilität herrscht, nicht Fortschreiten und Veränderung, sondern ewige Wiederkehr des Bekannten und Gewohnten. Oben bleibt oben, unten bleibt unten. Es ist die von den Göttern geordnete und garantierte Weltordnung. »Der Exodus-Mythos dagegen«, schreibt Assmann, »erzählt von den Kindern Israels, die Gott aus ägyptischer Knechtschaft befreit und aus den Völkern erwählt, um mit ihnen zusammen das Projekt einer gerechten Gesellschaft zu verwirklichen. Ein größerer Unterschied lässt sich kaum denken. Der ägyptische Mythos erzählt von der Welt und ihrer Gründung, der biblische Mythos dagegen erzählt von etwas ganz Neuem und dessen Gründung innerhalb der längst entstandenen, vorgegebenen Welt« (Assmann 2015, 20 f.).

Geschichte ist nun nicht mehr etwas Zyklisches, nicht Wiederkehr des Gleichen, so wie die Jahreszeiten sich Jahr um Jahr wiederholen. Geschichte wird jetzt zum Aufbrechen, zur Wanderung, zu einem Unterwegssein einem Ziel entgegen. Oben bleibt nicht für immer oben, unten bleibt nicht unten. Die Götter Ägyptens waren Garanten einer ewig bestehenden, letztlich unveränderlichen Weltordnung. Der Gott des Exodus aber macht sich selber auf den Weg und ist unterwegs mit den von ihm befreiten Menschen.

Das Buch Exodus erzählt von der Befreiung der Israeliten aus der Knechtschaft. Es erzählt auch, wie die Befreiten immer wieder in Versuchung sind und dieser Versuchung auch erliegen, die ihnen geschenkte Freiheit zu verspielen, den befreienden Gott zu vergessen und mental wieder nach Ägypten zurückzukehren, zu den »Fleischtöpfen Ägyptens«, und so wieder zu Sklaven zu werden. Denn Freiheit ist etwas Forderndes, Anstrengendes, oft einer Wüstenwanderung vergleichbar. Aber das Buch Exodus erzählt in seinem zweiten Teil auch, wie die geschenkte Freiheit bewahrt und bestätigt wird: Dazu gibt Gott dem von ihm befreiten Volk die Tora, seine Anweisungen zu einem Leben in Freiheit und Solidarität. In Ägypten mussten die Israeliten dem Pharao in harter Fronarbeit dienen. Nun sollen sie Gott, ihrem Befreier, dienen, und niemandem sonst, indem sie sich an seine Gebote halten. Sie bewahren ihre Freiheit gerade, indem sie das tun; und sie verspielen und verraten sie, wenn sie die Tora verachten. Der dritte Teil des Buches Exodus, die Kapitel 25 bis 31 und 35 bis 40, ist der Errichtung des Zeltes der Begegnung und der Bundeslade gewidmet mit den vielen Anweisungen zur dessen Ausschmückung und schließlich seiner Einweihung. »*Sie sollen mir ein Heiligtum errichten, und ich werde in ihrer Mitte wohnen*« (Ex 25,8), gebietet Gott. Die Befreiten sollen einen Ort und ein Haus haben, wo sie sich versammeln und miteinander feiern, dass ihr Befreier in ihrer Mitte ist, und sie sollen diesen Ort auch würdig und schön ausgestalten und sich das etwas kosten lassen.

Man kann nicht genug betonen, wie stark die ganze Bibel des Alten und des Neuen Testaments geprägt ist von der Geschichte des Exodus. Ich denke dabei nicht nur an jene Bibeltexte, in der sie explizit aufgenommen ist, wie etwa in mehreren Psalmen (z.B. Ps 105-107) und im Hebräerbrief 11,23-20. Der Exodus ist so etwas wie ein

Leitmotiv der Bibel: Gott ist mit den Seinen unterwegs durch alle Wüstenerfahrungen und Irrwege einem Ziel entgegen. Im zweiten bis fünften Buch Mose ist dieses Ziel das verheißene, gelobte Land. Bei den Propheten ist es eine neue Welt des Friedens und der Gerechtigkeit. In der Verkündigung Jesu ist es das kommende Reich Gottes. Und das Thema der Freiheit ist dabei ein Grundmotiv, bis hin zum prägnanten Satz des Apostels Paulus: »*Zur Freiheit hat uns Christus befreit! Steht also fest und lasst euch nicht wieder in das Joch der Knechtschaft einspannen*« (Gal 5,1).

Weit über die Bibel und über Judentum und Kirche hinaus hat das Exodusmotiv die europäische Geistes- und Kulturgeschichte, aber auch die politische Geschichte beeinflusst; alle Aufklärungs-, Emanzipationsbewegungen und -bemühungen haben an ihm Anteil, auch wenn sie sich von ihrem biblischen Ursprung weit entfernt haben und zu säkularen Exodusparolen geworden sind. Man erinnere sich nur an die berühmte Definition des großen Philosophen Immanuel Kant: »Aufklärung ist der Ausgang [der Exodus!] des Menschen aus seiner selbst verschuldeten Unmündigkeit.«

NAMEN

Fragte man einen Rabbiner, in welchem Buch des Alten Testaments man die Erzählung vom Auszug der Israeliten aus der ägyptischen Sklaverei nachlesen kann, er würde wahrscheinlich nicht antworten »im zweiten Buch Mose« oder »im Buch Exodus«. Er würde sagen: »im Buch Schemot«. *Sch^{e}mot* ist die Mehrzahl des hebräischen Wortes *schem*, Name. Das Buch, das wir Exodus nennen, wird von Juden und Jüdinnen zumeist »Namen« genannt; und so lautet denn auch seine Überschrift in der hebräischen Bibel.

Dort werden die fünf Mosebücher je nach ihrem ersten Wort benannt. So heißt die Genesis, das erste Mosebuch, *b^{e}reschit*, »im Anfang«. Das dritte Buch, das wir Leviticus nennen, heißt hebräisch *wayyiqra*, »Und er [Jahwe] rief«. Das vierte Buch nennen wir Numeri, sein hebräischer Name lautet *b^{e}midbar*, »In der Wüste«. Das fünfte Buch, das Deuteronomium, heißt in der hebräischen Bibel *d^{e}barim*, »Worte [des Mose]«.

»Namen« also ist die hebräische Bezeichnung des Buches Exodus. Und so beginnt das Buch:

Ex 1,1-7 *»Und dies sind die Namen der Söhne Israels, die nach Ägypten gekommen waren; mit Jakob waren sie gekommen, jeder mit seinem Haus: Ruben, Simeon, Levi und Juda, Issaschar, Sebulon und Benjamin, Dan und Naftali, Gad und Asser. Und es waren insgesamt siebzig, die von Jakob abstammten. Josef aber war schon in Ägypten. Und Josef starb und alle seine Brüder und jene ganze Generation. Die Israeliten aber waren fruchtbar, und es wimmelte von ihnen, sie mehrten sich und wurden übermächtig, und das Land wurde von ihnen voll.«*

Diese Anfangssätze verknüpfen das Buch Exodus mit dem Buch Genesis. Dessen letzter Teil (Kapitel 37-50) erzählt die Geschichte Josefs. Seine Brüder, die er, indem er sich als Lieblingssohn Jakobs aufspielt, provoziert, wollen ihn zunächst umbringen, verkaufen ihn dann aber als Sklaven nach Ägypten. Dort steigt er nach manchen Turbulenzen zu höchsten Ämtern und Ehren auf. Denn er hat Pharaos Träume gedeutet und eine siebenjährige Trockenzeit angekündigt, zugleich aber volkswirtschaftliche Maßnahmen vorgeschlagen, durch welche eine große Hungersnot vermieden werden konnte. Pharao ernennt ihn zum Sonderbeauftragten mit dem Auftrag, diese Maßnahmen durchzusetzen. Unterdessen litt man auch in Kanaan unter Dürre, Ernteausfällen und Hungersnot. Der alte Jakob sieht sich gezwungen, seine Söhne nach Ägypten zu schicken, um sich mit Getreide zu versorgen. Dort stehen sie dann vor dem vornehm ägyptisch gekleideten Josef, den sie nicht als ihren Bruder erkennen. Nachdem Josef sie mehrmals auf Herz und Nieren geprüft hat, gibt er sich den Brüdern zu erkennen. Man muss das nachlesen – die Josefsgeschichte von Gen 37-50 ist eine großartige Erzählung; Thomas Mann hat es bemerkt und hat sie seiner Romantrilogie »Joseph und seine Brüder« zugrunde gelegt.

Schließlich zieht die gesamte Familie Jakobs – eine Art von Wirtschaftsmigranten – nach Ägypten, wo ihnen der Pharao um der Verdienste Josefs willen Land zur Besiedlung zuteilt. Familiennachzug nennt man das heute. Und so lesen wir denn Genesis 46,8-27: »*Und dies sind die Namen der Söhne Israels, die nach Ägypten kamen, Jakob und seine Söhne: Ruben der Erstgeborene Jakobs, und die Söhne Rubens: Henoch und Pallu und Chezron und Palmi.*« Die Familien aller zwölf Jakobssöhne werden aufgezählt. »*Alle zusammen vom Haus Jakobs, die nach Ägypten kamen: siebzig*« (Gen 46,27).

Die Namen dieser Jakobsfamilien findet man dann gleich wieder am Anfang des Buches Exodus. Auf diese Weise wird dieses mit dem Schluss des Buches Genesis verknüpft; es liest sich wie dessen Fortsetzung. Diese Verknüpfung wird noch verstärkt durch eine Eigenart der hebräischen Sprache, in der Sätze oft mit einem »und« beginnen. So beginnt das Buch Exodus mit den Worten »Und dies sind die Namen der Söhne Israels«, *w^{e}eläh sh^{e}mot b^{e}ne Israel.*

Weshalb werden die Zwölf einmal »Söhne Jakobs« genannt (Gen 35,22b-26), später aber »Söhne Israels«? Benno Jacob in seinem Exodus-Kommentar erkennt in diesem Namenswechsel eine besondere Bedeutung. Israel ist zunächst nur der Name Jakobs. Der geheimnisvolle Mann, der eine Nacht lang mit dem nach langer Zeit heimkehrenden Jakob kämpft und ihn nicht zu überwinden vermag – »*Ich lasse dich nicht, es sei denn, du segnest mich*«, sagt Jakob zu ihm –, gibt ihm dann einen neuen Namen: *»Du sollst nicht mehr Jakob heißen, sondern Israel, denn du hast mit Gott und mit Menschen gestritten und hast gesiegt*« (Gen 32,29). »Israel« bedeutet denn auch »Gottesstreiter«. »Dieser Name ›Gottesstreiter‹ sollte also ein Ehrenname für das Göttliche und darum Unüberwindliche in Jakob und für den ewigen Bund seiner Nachkommen sein.« Doch werden die zwölf Söhne zunächst nicht »Söhne Israels«, sondern »Söhne Jakobs« genannt. »Auch die Söhne müssen zu solchen Israels heranreifen. Sie müssen erst mit dem Herzen Söhne des zu Israel erhobenen und geadelten Vaters und untereinander zu wahren Brüdern geworden sein. Das ist der Sinn der Josephserzählung Gen 37-50. [...] Nur erst der Vater Jakob hat den Namen Israel erworben, die Söhne müssen sich ihn erst verdienen, nachdem sie sich an Joseph und dem Vater versündigt haben werden. Nachdem sie aber, durch Prüfungen geläutert, mit Joseph sich brüderlich wieder vereint haben, bringt sie der Vater Gen 46,5, Ex 1,1 als *bene Israel [Söhne Israels] nach Ägypten*« (Jacob, 3 f.).

Siebzig Leute sind es, die nach Genesis 46,27 und Exodus 1,5 mit Jakob von Kanaan nach Ägypten kamen und sich dort ansiedelten. Und dann lesen wir:

Ex 1,7 *»Die Israeliten aber waren fruchtbar, und es wimmelte von ihnen, sie mehrten sich und wurden übermächtig, und das Land wurde von ihnen voll.«*

Laut Genesis 15,13, wo Gott dem Abraham das Schicksal seiner Nachkommen vorhersagt, lebten diese während 400 Jahren in Ägypten. Nach Exodus 12,40 waren es gar 430 Jahre: *»Die Zeit aber, die die Israeliten in Ägypten zugebracht hatten, betrug vierhundertdreißig Jahre.«*

DIE UNTERDRÜCKUNG

430 Jahre sind vergangen. Aus der Familie der Söhne Jakobs ist ein großes Volk geworden. Der Übergang von der Genesis zum Anfang des Buches Exodus markiert den Übergang von der Erzählung einer Familiengeschichte, von Abraham, Isaak, Jakob und ihren Söhnen, von der Geschichte einer Sippe, zur Geschichte Israels als eines Volkes. Von Genesis 12, der Berufung Abrams, bis zum Ende des Buchs Genesis, steht eine Familie, ein

Clan im Mittelpunkt der Erzählung und Adressat von Gottes Verheißungen. Von Exodus 1 an ist es das Volk Israel. Exodus 1,1-6 bildet sowohl den Übergang, den Wechsel, wie auch die Verknüpfung zwischen den beiden Erzählungen, zwischen der Abrahamsfamilie und dem Volk Israel.

430 Jahre, eine lange Zeit. Längst ist ein anderer Pharao in Ägypten an der Macht. Und der weiß nichts mehr von Josef, weiß nicht mehr, wie dieser 400 Jahre zuvor Ägypten vor einer schweren Hungersnot bewahrt hat, weiß nichts mehr von den Gründen, weshalb Jakob und seine Familie damals nach Ägypten eingewandert sind. In Ägypten werden die Israeliten inzwischen als Bedrohung wahrgenommen; Ägypten sieht sich überfremdet.

»*Seht*«, sagt der Pharao zu seinem Volk, »*seht, das Volk der Israeliten ist uns zu groß und zu mächtig. Auf, wir wollen klug mit ihm umgehen, damit es sich nicht noch weiter mehrt und in einem Krieg nicht auf die Seite unserer Feinde tritt.*« **Ex 1,9-10**

Die vermeintliche Klugheit besteht darin, dass die Israeliten versklavt und zum Frondienst eingezogen werden »*um es mit Fronlasten zu unterdrücken*«. Die Israeliten müssen für den Pharao die Vorratsstädte Pitom und Ramses bauen (Ex 1,11). Diese Angabe dient oft als Beleg für die Historizität der erzählten Ereignisse und als Hinweis auf deren Datierung.

Doch die Unterdrückung bewirkt das Gegenteil dessen, was der Pharao anstrebt: Durch die harte Fronarbeit vermehren sich die Israeliten noch mehr. So ergreift der Pharao noch drastischere Maßnahmen zur Dezimierung der Israeliten. Die Hebammen werden angewiesen, dafür zu sorgen, dass die neugeborenen Knaben getötet werden; nur die Mädchen sollen am Leben bleiben. Weil die hebräischen Hebammen Schifra und Pua, die hier sogar namentlich erwähnt werden (Konrad Schmid nimmt an, es seien ägyptische), Gott fürchten, widersetzen sie sich dem Befehl. Vom Pharao zur Rechenschaft gezogen, sagen sie:

Ex 1,19 »*Die Hebräerinnen sind nicht wie die ägyptischen Frauen. Sie gebären wie die Tiere, noch bevor die Hebamme zu ihnen kommt, haben sie geboren.« – »Da gebot der Pharao seinem ganzen Volk: Alle Söhne, die geboren werden, sollt ihr in den Nil werfen, alle Töchter aber dürft ihr am Leben lassen.«* Ex 1,22

Damit ist der Genozid beschlossen.

BEHERZTE FRAUEN

Dass die Hebammen mit ihrem mutigen und listigen Tun mit ihrem Namen gekennzeichnet sind, zeigt, dass sie im Gedächtnis Israels und des Exodus eine wichtige Rolle spielen. Nun kann die Erzählung von Mose einsetzen. Und wieder sind es Frauen, die dem Verlauf der Geschichte eine entscheidende Wendung geben. Die Frau eines Mannes vom Stamm Levi bringt einen Knaben zur Welt. Angesichts der Bedrohung legt sie das Kind in einen Korb aus Papyrus, den sie mit Asphalt und Pech wasserdicht verklebt und im Schilf am Ufer des Nil zu verstecken versucht. Das hebräische Wort *tebah*, das hier für den Korb oder Kasten steht, ist dasselbe Wort, das Genesis 6,14 ff. die Arche bezeichnet, ein riesengroßer Kasten; wie der Korb in Exodus 2,3 wird auch die Arche mit Pech wasserdicht gemacht. Die Arche, der große Kasten, sichert das Überleben Noahs und seiner Familie mitsamt den Tieren; der kleine Korb sichert das Leben des Mose und damit die Zukunft des Volkes Israel.

Das weitere Schicksal des kleinen Mosekinds liest sich wie ein Märchen: Die Tochter des Pharao kommt zum Nil, um sich zu waschen, und entdeckt dabei im Schilf den Korb mit dem weinenden Kind.

Ex 2,6 *»Da hatte sie Mitleid mit ihm und sagte: Das ist eines der Kinder der Hebräer.«*

Die Schwester des Kinds, die in der Nähe blieb, um zu sehen, was mit dem Kleinen geschehen werde, eilt herbei und empfiehlt der Prinzessin eine hebräische Amme, die das Kind stillen könnte. Natürlich ist diese Amme niemand anderer als die leibliche Mutter. Ihr vertraut die Prinzessin das Kind an und verspricht erst noch, sie für ihren Ammendienst zu entlöhnen. Als das Kind entwöhnt und groß genug ist, wird es zur Tochter des Pharao gebracht und von ihr adoptiert,

»und es wurde ihr Sohn, und sie nannte ihn Mose und sprach: Ich habe ihn ja aus dem Wasser gezogen.« **Ex 2,10**

Mose ist ein ägyptischer Name und leitet sich vom ägyptischen Wortstamm *msj* ab, was etwa »geboren« bedeutet oder auch einfach »Sohn«. In ägyptischen Namen kommt der Name meistens in Verbindung mit einer Gottheit vor, etwa bei Thutmose (»Thot hat mich geboren«), dem Namen mehrerer Pharaonen der 18. Dynastie. Auffällig ist, dass der Verfasser der Erzählung dem Namen Mose eine hebräische Deutung gibt. Vielleicht war er nicht so glücklich darüber, dass der Mann, der für Israel eine so zentrale Bedeutung hat, einen ägyptischen Namen tragen soll. Die Tochter Pharaos habe dem Kind den Namen Mose gegeben, *»denn ich habe ihn ja aus dem Wasser gezogen«*. Damit wird der Name in Verbindung gebracht mit dem hebräischen *mascha*, was »herausziehen« bedeutet; das Verbum findet sich etwa Psalm 18,17, wo es heißt: »*Er [der HERR] zog mich heraus aus gewaltigen Wassern.*«

Dass Mose ein ägyptischer Name ist, wird heute kaum noch bezweifelt. Auch der Ägyptologe Jan Assmann geht davon aus. Anders sieht es Benno Jacob in seinem jüdischen Kommentar zum Buch Exodus. Jacob spricht sich entschieden für die hebräische Bedeutung des Namens aus. Er hält es für denkbar, dass die Tochter Pharaos sich mit der leiblichen Mutter beraten habe: »Du weißt, ich habe ihn aus dem Wasser gezogen. Ich möchte ihm einen Namen geben, nach dem einst er sein Volk aus der Not ziehe. Wie lässt sich das nach eurer Sprache ausdrücken?« (Jakob, 30), könnte sie gefragt haben. Ich halte zwar die folgenden Sätze Benno Jacobs für eine seltsame Deutung des so knappen biblischen Textes Exodus 2,10, aber sie sind so schön, dass sie hier zitiert werden sollen:

»Von der Königstochter aber ist die Namengebung eine Politik des Herzens, und ihre jetzigen Worte entsprechen genau den bei der Auffindung des Kindes gesprochenen. Damals zur Zeit der mörderischen, von oben herab befohlenen Verfolgung hatte gerade sie, die Tochter des Despoten, nicht nur sich des Säuglings erbarmt, sondern ausdrücklich seines Volkes gedacht (›von den Kindern der Hebräer ist dies!‹) und es einer hebräischen Mutter übergeben. So hatte diese königliche Jungfrau als ein Engel der Humanität an der Wiege des größten Mannes in Israel gestanden. Dieser Haltung bleibt sie auch jetzt getreu, indem sie dem Knaben einen hebräischen Namen gibt. [...] Es ist der Gott der Hebräer selbst, der aus der Ägypterin spricht. Der Name soll ein *Segen* und ein *Wunsch* für die Zukunft des Kindes sein« (Jacob, 30).

Rainer Albertz teilt zwar in seinem Kommentar die Annahme nicht, dass Mose ein hebräischer Name ist. Aber er kommt, was die Aussage und Bedeutung von Exodus 2,1-10 betrifft, zu einem Schluss, der demjenigen von Benno Jacob nicht unähnlich ist:

»So weisen der ägyptische Name samt der hebräischen Namenserklärung auf die doppelte Identität des Mose; er hatte eine hebräische Mutter und eine ägyptische Ziehmutter. Mehr noch, er verdankte sein Leben dem Mut, dem Widerstandswillen und der engen Kooperation von hebräischen und ägyptischen

Frauen über die Grenzen des Hasses und des Misstrauens hinweg, die der Pharao aufgerichtet hatte. Der spätere Befreier Israels, so will der Autor sagen, kam nicht normal zur Welt, sondern musste erst durch beherzte Frauen, die der mörderischen Politik eines Mannes zähen Widerstand leisteten, selber gerettet werden. Auffällig ist dabei, dass die politische Mose-Erzählung bei dieser Rettung des Mose nicht explizit von Gott spricht. Ähnlich wie die Josefserzählung sieht sie Gott durch Menschen handeln, die sich für das Überleben gegen die Todesbedrohung einsetzen« (Albertz 2012, 60).

Ist die Erzählung von der Geburt und Errettung des Mose ein Märchen? Gewiss steigt einem die Frage auf, ob sie sich tatsächlich so zugetragen habe, ob sie historisch sei. Im Blick auf die Kindheit des Mose ist sie völlig unerheblich. Die Erzählung ist in sich so schön und so wahr, sie enthält eine so bleibende, gültige Aussage und Botschaft, dass die Frage, ob sie sich so zugetragen habe, nebensächlich und belanglos ist.

FLUCHT NACH MIDIAN

Die Erzählung geht weiter und wird gleich dramatisch: Sie ist im zweiten Kapitel des Buchs Exodus so anschaulich erzählt, dass sie hier zitiert werden soll:

»*Zu jener Zeit, als Mose heranwuchs, ging er hinaus zu seinen Brüdern und sah, wie sie ihre Fronarbeit verrichteten. Und er sah, wie ein Ägypter einen Hebräer, einen seiner Brüder, erschlug. Da schaute er sich nach allen Seiten um und sah, dass niemand da war. Und er erschlug den Ägypter und verscharrte ihn im Sand. Am nächsten Tag aber ging er wieder hinaus, und siehe, zwei Hebräer stritten miteinander. Da sagte er zu dem, der im Unrecht war: Warum schlägst du einen, der zu dir gehört? Der aber sagte: Wer hat dich zum Aufseher und Richter über uns gesetzt? Willst du mich umbringen, wie du den Ägypter umgebracht hast? Da fürchtete sich Mose und dachte: Es ist also doch bemerkt worden.*
Der Pharao aber hörte davon und trachtete danach, Mose umzubringen. Mose aber floh vor dem Pharao,

Ex 2,11-25

und im Land Midian ließ er sich am Brunnen nieder. Der Priester von Midian aber hatte sieben Töchter. Und sie kamen und schöpften Wasser und füllten die Tränkrinnen, um die Schafe ihres Vaters zu tränken. Es kamen aber die Hirten und vertrieben sie. Da erhob sich Mose und half ihnen und tränkte ihre Schafe. Sie aber gingen heim zu Reguel, ihrem Vater. Und er sagte: Warum seid ihr heute so früh zurück? Und siesagten: Ein Ägypter hat uns aus der Hand der Hirten gerettet und hat uns sogar Wasser geschöpft und die Schafe getränkt. Da sagte er zu seinen Töchtern: Und wo ist er? Warum habt ihr den Mann zurückgelassen? Ladet ihn ein, mit uns zu essen. Und Mose entschloss sich, bei dem Mann zu bleiben. Dieser aber gab Mose seine Tochter Zippora zur Frau. Und sie gebar einen Sohn, und er nannte ihn Gerschom, denn er sprach: Als Fremder wurde ich aufgenommen in einem fremden Land. Während jener langen Zeit starb der König von Ägypten. Die Israeliten aber stöhnten unter der Arbeit und schrien, und von der Arbeit stieg ihr Hilferuf auf zu Gott. Und Gott hörte ihr Seufzen, und Gott gedachte seines Bundes mit Abraham, Isaak und Jakob. Und Gott sah auf die Israeliten, und Gott nahm sich ihrer an.«

Ob die Dinge, die hier erzählt werden, sich historisch so ereignet haben, ist eine Frage, auf die später ausführlicher eingegangen werden soll. Aber ganz unabhängig davon ist die Erzählung von einer großen Realität. Eine Menschengruppe wird aufs Äußerste diskriminiert, unterdrückt, schikaniert, ausgebeutet und geplagt bis hin zum Genozid, und dies auf Anordnung der staatlichen Macht. In diesem Klima kommt es zu Willkürakten: Ein Ägypter erschlägt einen Hebräer – eine richtige Pogromstimmung. Man sieht sich erinnert an die Kristallnacht vom November 1938 in Deutschland und an Vorgänge, wie sie sich zu allen Zeiten und auch heute immer wieder ereignen. Mose erschlägt den Ägypter und verscharrt ihn im Sand. Die Gewalt der Unterdrückung hinterlässt ihre Spuren auch bei den Unterdrückten: Zwei Hebräer geraten in einen Streit. Unter den Unterdrückten selbst wächst in diesem Klima der Angst das gegenseitige Misstrauen, man verdächtigt einander, muss befürchten, denunziert zu werden. Und tatsächlich ist dem Pharao hinterbracht worden, was Mose getan hat. Ist er vielleicht gar von einem Hebräer denunziert worden? Es sind nur allzu vertraute Vorgänge, die in der kurzen Erzählung von Exodus 2,11 ff. berichtet werden.

Mose hat allen Grund sich zu fürchten. Er muss fliehen. Und auch da konfrontiert uns die Erzählung mit dem so aktuellen und in seinem Ausmaß bedrängenden Schicksal der politischen Flüchtlinge. Es ist doch kein Zufall, dass Juden und Jüdinnen im Schicksal ihrer Vorfahren in Ägypten – Unterdrückung, Verfolgung und Befreiung – ihr eigenes Schicksal vorgebildet sehen und sich dieses gemeinsame Schicksal in der Pessach-Feier vergegenwärtigen. Auch darauf ist zurückzukommen.

Auf seiner Flucht vor dem Pharao kommt Mose ins Land Midian, wo er sich auf einen Brunnen setzt und von der weiten Reise ausruht. Da kommen die sieben Töchter des midianitischen Priesters Reguel (Ex 3,1, 4,18 und 18,1 ff. wird er Jitro genannt) herbei, um ihre Schafe zu tränken, werden aber von Hirten bedrängt, die sie zu vertreiben versuchen. »*Da erhob sich Mose und half ihnen und tränkte ihre Schafe.*« Die Mädchen kehren heim und erzählen dem Vater das Vorgefallene: »*Ein Ägypter hat uns aus der Hand der Hirten gerettet und uns sogar Wasser geschöpft und die Schafe getränkt.*« Die Szene liest sich wie ein kleines Vorspiel: Mose rettet die Mädchen vor den sie bedrängenden Hirten; bald wird er die Israeliten aus der Unterdrückung durch die Ägypter retten. Der Vater erkundigt sich nach dem Verbleib des hilfreichen Fremdlings: »*Warum habt ihr den Mann zurückgelassen? Ladet ihn ein, mit uns zu essen.*«

Mose bleibt im Haus des Jitro und heiratet dessen Tochter Zippora und zeugt mit ihr einen Sohn, den er Gershom nennt; »*denn er sprach: Als Fremder wurde ich aufgenommen in einem fremden Land*« – dem Namen Gershom liegt das hebräische Wort *ger*, Fremdling, zugrunde. Wenn man bedenkt, wie nach der Heimkehr der in Babylon verbannten Juden und dem Wiederaufbau des jüdischen Gemeinwesens eine Kampagne lanciert wurde gegen die Ehen mit nichtjüdischen Frauen, und solche Mischehen aufgelöst und die fremden Frauen samt ihren Kindern verstoßen wurden (man lese dazu Esra 9 und 10), und wenn man dazu noch bedenkt, dass noch heute im orthodoxen Judentum eine Ehe mit einer nichtjüdischen Partnerin verpönt ist, dann ist doch bemerkenswert, dass ausgerechnet Mose, der große

Gesetzgeber Israels, die zentrale Figur des Alten Testaments, mit einer Nichtisraelitin verheiratet war.

Das Brunnenmotiv – auch dies hat märchenhafte Züge – findet sich auch in anderen biblischen Erzählungen. So trifft der Knecht Abrahams, der für Isaak eine Frau holen soll, Rebekka, die am Brunnen vor der Stadt Wasser schöpft, und tränkt gleich auch ihre Kamele (Gen 24). Und Jakob, der auf der Flucht vor seinem Bruder Esau nach Charan gelangt und dort bei einem Brunnen Rast macht, begegnet dort Rahel, die ihre Schafe tränken will; Jakob hilft ihr dabei und verliebt sich sogleich in die schöne Hirtin (Gen 29). Auch im Neuen Testament kommt das Brunnenmotiv vor: Das Gespräch Jesu mit der Samaritanerin im Johannesevangelium findet an einem Brunnen, dem »Brunnen Jakobs« (Joh 4,6), statt. Das Brunnenmotiv hat auch einen sozialgeschichtlichen Hintergrund. Nicht nur im Alten Orient, sondern auch bei uns war der Brunnen in Dörfern und Städten bis in die Neuzeit ein wichtiger Treffpunkt. Hier begegneten sich die Leute, tauschten Informationen aus, schlossen Freundschaften, verliebten sich und machten allerlei Geschäfte. Und wenn Fremde kamen, suchten sie den Brunnen auf, um erste Kontakte mit den Einheimischen zu knüpfen.

»ICH WERDE SEIN, DER ICH SEIN WERDE«

Das dritte Kapitel erzählt die Berufung des Mose. Mose weidet in der Wüste Midian die Schafe seines Schwiegervaters. Da erscheint ihm der Bote des HERRN »*in einer Feuerflamme mitten aus dem Dornbusch*«. Aber der Busch verbrennt nicht. Mose tritt hinzu, um sich das seltsame Phänomen genauer anzusehen. Der Songwriter Leonard Cohen habe, so erzählt er, schon als neunjähriger Bub mit seinem Großvater, einem kanadischen Rabbiner, die Tora gelesen. In der Erzählung vom brennenden Dornbusch habe er gelesen, dass Gott eine Erfahrung wie Feuer sei, und hat damit wohl genau die Pointe des brennenden Busches begriffen.

Denn in dem Feuer offenbart sich Gott dem Mose. Mose vernimmt aus dem Busch heraus seine Stimme. Gott, der HERR (JHWH), stellt sich vor, offenbart sich, er offenbart seinen Namen. Er sagt dem Mose, wer er ist, enthüllt seine Identität.

Ich halte den Abschnitt Exodus 3,1-14 für einen Schlüsseltext der Bibel, nicht nur des Alten, sondern auch des Neuen Testaments. Es sind drei Merkmale, die

die Identität Gottes, seine unverwechselbare Gottheit kennzeichnen.

Das **erste** Merkmal: Gott spricht zu Mose:

Ex 3,6 *»Ich bin der Gott deines Vaters, der Gott Abrahams, der Gott Isaaks und der Gott Jakobs.«*

Er wiederholt es auf die Frage des Mose, was er denn den Israeliten antworten solle, wenn sie ihn nach dem Namen Gottes fragen, der ihn zu ihnen gesandt hat:

Ex 3,15 *»So sollst du zu den Israeliten sprechen: Der HERR, der Gott eurer Vorfahren, der Gott Abrahams, der Gott Isaaks und der Gott Jakobs hat mich zu euch gesandt. Das ist mein Name für immer, und so soll man mich anrufen von Generation zu Generation.«*

Der Gott, den Juden und Christen bekennen, ist kein Allerweltsgott; er ist und bleibt zunächst der Gott Israels, der Gott der Juden. Das Neue Testament legt darauf größtes Gewicht. Das Matthäusevangelium führt den Stammbaum Jesu zurück bis zu Abraham (Mt 1,1-17). Jesus ist das Kind, der Erbe Abrahams. Was Gott dem Abraham verheißen hat, geht in Jesus Christus in Erfüllung – über Israel hinaus für alle Völker. Für den Apostel Paulus ist Abraham der geistliche Vater der Christen und der Kirche (vgl. Gal 3,6-9; Röm 4,1-3). Der Bund, den Gott mit Abraham geschlossen hat, öffnet sich in Christus für die Menschen aller Völker. Dieser Zusammenhang ist von der Kirche oft verdrängt und verleugnet worden, bis hin zu den Bestrebungen, das Alte Testament, die Bibel Israels, aus der christlichen Bibel zu verbannen. Im 2. Jahrhundert waren es Marcion und seine Anhänger, in Deutschland waren es in den 1930er und 1940er Jahren die sogenannten Deutschen Christen. Aber auch abgesehen vom diesen extremen Positionen wurde in der ganzen Kirchen- und Theologiegeschichte vergessen, dass der Gott Abrahams nicht nur der Gott des historischen Israel, sondern auch der Juden und Jüdinnen der Gegenwart ist. Wo aber die Kirche ihren abrahamitischen Ursprung verdrängt oder verleugnet, kann sie auch nicht mehr die Kirche Jesu Christi sein. »*Ich bin der*

Gott Abrahams, der Gott Isaaks und der Gott Jakobs« – das gehört in das christliche Glaubensbekenntnis.

Das **Zweite**, das man Gott über sich selbst sagen hört:

Ex 3,7-8 »*Ich habe das Elend meines Volks in Ägypten gesehen, und ihr Schreien über ihre Antreiber habe ich gehört, ich kenne seine Schmerzen. So bin ich herabgestiegen, um es aus der Hand Ägyptens zu erretten und aus jenem Land hinaufzuführen in ein schönes und weites Land.*«

Der Gott, den Juden und Jüdinnen, Christen und Christinnen bekennen, ist ein Gott, der weiß, wie die Menschen dran sind, und ihr Elend sieht. Er sieht und hört. Sein Augenmerk und sein Hören gelten den Elenden, den Armen und Unterdrückten. Das ist eine zentrale biblische Grundaussage, die sich durch die ganze Bibel hindurchzieht. Man lese dazu nur in den Psalmen oder bei den Propheten Amos und Jesaja. Aber Gott sieht und hört nicht nur von oben, vom Himmel her. Er ist kein unbeteiligter Zuschauer. Er steigt vom Himmel herab. Das teilnehmende Interesse Gottes am Schicksal seines Volkes – und weiter gespannt: am Schicksal der Menschen – ist eine Grundaussage der ganzen Bibel. Besonders in den Psalmen wird sie prägnant zusammengefasst. So lesen wir etwa in Psalm 113,5-7: »*Wer ist dem HERRN gleich, unserm Gott, der hoch oben thront, der tief hinunterschaut auf Himmel und Erde! Der aus dem Staub den Geringen aufrichtet, aus dem Kot den Armen erhebt.*« In Psalm 102 heißt es ähnlich: »*Das sei aufgeschrieben für eine künftige Generation, und ein neu geschaffenes Volk wird den HERRN preisen, wenn der HERR von seiner heiligen Höhe herabschaut, vom Himmel auf die Erde blickt, das Stöhnen der Gefangenen zu hören, die dem Tod Geweihten zu befreien*« (Ps 102,19-21). Und noch deutlicher wird dies, wenn man Gott in Jesaja 57,15 über sich selbst sagen hört: »*In der Höhe und als Heiliger wohne ich und bei den Zerschlagenen und Erniedrigten, um den Geist der Erniedrigten zu beleben und das Herz der Zerschlagenen zu beleben.*« Die für spätere Generationen zurückliegende Befreiung der Israeliten aus der ägyptischen Knechtschaft ist kein vergangenes Ereignis. In ihr kommt eine Grunderfahrung Israels und zugleich eine Hoffnung zum Ausdruck: Unser Gott ist der Befreier; er ist es seinem Wesen nach, er war es, er ist es, und er wird sich in Zukunft erst recht noch als der Befreier, Erretter und Erlöser erweisen. Deshalb ist Pessach das wichtigste Fest für die Juden und Jüdinnen. Am Sederabend, am Vorabend des Pessach, erzählt eine Generation der andern die Geschichte vom Exodus, und jede neue Generation soll verstehen und zu Herzen nehmen: Es ist *unsere* Geschichte.

Die **dritte** Aussage, die Gott über sich selber macht, ist die merkwürdigste. Mose fragt:

Ex 3,13-14 »*Wenn ich zu den Israeliten komme und ihnen sage: Der Gott eurer Vorfahren hat mich zu euch gesandt, und sie sagen zu mir: Was ist sein Name?, was soll ich ihnen dann sagen? Da sprach Gott zu Mose: Ich werde sein, der ich sein werde. Und er sprach: So sollst du zu den Israeliten sagen: Ich-werde-sein hat mich zu euch gesandt.*«

Man kann auch übersetzen: »*Ich bin, der ich bin.*« Doch die meisten deutschen Bibelübersetzungen verstehen es futurisch, etwa Martin Buber: »Gott sprach zu Mose: Ich werde dasein, als der ich dasein werde. So sollst du zu den Israeliten sprechen: ICH BIN DA schickt mich zu euch.« So auch die Lutherbibel von 2017: »*Ich werde sein, der ich sein werde. So sollst du zu den Israeliten sagen: ›Ich werde sein‹, der hat mich zu euch gesandt.*« Das hebräische *'ähjäh 'aschär 'ähjäh* lässt sich sowohl präsentisch wie futurisch übersetzen und gehört zum Verb *hajah*, das »sein« bedeutet. Es ist ein Wortspiel, das an den Gottesnamen JHWH anklingt.

Gott ist unverfügbar. Er lässt sich in kein Schema pressen. Er ist ein gnädiger und barmherziger Gott; er ist, wie es dann im Neuen Testament heißt, die Liebe. Aber er ist nicht einfach der »liebe Gott«. Seine Gnade und Liebe können sich auch als Zorn erweisen, als Zorn und Gericht über das Unrecht, über das, was Menschen einander und der Schöpfung antun. Gott ist seiner Schöpfung und den Menschen treu; aber er ist auch frei in dem, was er tut und tun will. Er wendet sich den Menschen und der Welt zu, doch er kann sich auch verbergen und abwenden. Er tut und vollbringt nicht, was *wir* für gut halten; sondern gut ist, was *er* will und tut. Der »*Ich werde sein, der ich sein werde*« ist ein Gott der Überraschungen, der alles transzendiert, was wir erwarten. Diese Eigenschaft liegt doch auch und gerade dem Neuen Testament zugrunde. Wie hätte man erwarten können, dass Gott sich als Gott erweist in einem Menschenkind, dazu noch einem Menschen, der nicht zu den Großen und Mächtigen gehört, der ausgestoßen wird und am Kreuz stirbt. Und wer hätte erwarten können, dass dieser am Kreuz jämmerlich Hingerichtete und Gestorbene von den Toten auferweckt wird und die Welt ihn nicht los wird? Ich denke, in dieser souveränen Freiheit Gottes, der zu sein, der er sein wird, liegt die Hoffnung und die Zukunft der Welt.

JHWH

»*Ich werde sein, der ich sein werde*«, hebräisch *'ähjäh 'aschär 'ähjäh*. Im Alten Testament hat Gott einen Namen. Er wird mit den vier Buchstaben JHWH bezeichnet, die man etwa mit »Jahwe« aussprechen könnte. (Der Name begegnet im Alten Testament 6828 Mal.) Allerdings wird dieser Name von Juden und Jüdinnen nie ausgesprochen, aus Scheu, ihn zu missbrauchen. Stattdessen sagen sie, wenn in ihrer hebräischen Bibel die vier Zeichen JHWH erscheinen, »Adonai«, was »Herr« (*ha 'adonai*) bedeutet, oder auch etwa »Der Ewige«, oder »Der Name«. Alle Bibelübersetzungen folgen dieser Tradition. Das gilt schon für die alte griechische Übersetzung der hebräischen Bibel, die Septuaginta, die anstelle des Gottesnamens *kyrios*, Herr, schreibt. Das übernimmt die lateinische Übertragung, die Vulgata, die den Gottesnamen durch *Dominus*, Herr, ersetzt. Daran orientieren sich alle bekannten Übersetzungen: Lord, Seigneur, Signore, und eben Herr, wobei in vielen Bibelausgaben das Wort mit Großbuchstaben HERR gedruckt ist, damit er sich deutlich unterscheidet von anderen Herren.

Was aber bedeutet der Gottesname JHWH? Eine sichere Antwort darauf gibt es nicht. Der Name könnte zusammenhängen mit einer arabischen Wortwurzel, die »fallen« oder »wehen« bedeutet. Es stünde dann hinter JHWH ursprünglich eine in der Wüste verehrte Gewittergottheit. Doch wird diese Erklärung heute zumeist skeptisch beurteilt. Wahrscheinlicher ist, dass der Name JHWH zusammenhängt mit dem hebräischen Verb *hajah* in der Bedeutung von »sein«. Ist es so, dann ist natürlich das Wortspiel von Exodus 3,14 naheliegend: Gott würde dann durch das »Ich werde sein« sozusagen selbst seinen Namen JHWH erklären.

Wie kommt Israel zu diesem Gott namens JHWH? Wie und wo hat es ihn kennengelernt und ist ihm begegnet? Das ist eine religionsgeschichtliche Fragestellung. Dabei muss man bedenken, dass Mose sich in Midian, im Sinai, aufhielt. Midian liegt beidseits des Golfs von Akaba, dem nördlichen Ausläufer des Roten Meers. Dort hat sich ihm JHWH im Dornbusch offenbart. Auch sollte man nicht vergessen, dass der Schwiegervater des Mose der midianitische Priester Jitro war. Zwar heißt es nirgends, dass Jitro ein JHWH-Verehrer war. Aber Exodus 18,1-12 lesen wir von einer denkwürdigen Begebenheit: Als Mose mit den aus Ägypten befreiten Israeliten unterwegs zum Sinai ist, besucht ihn Jitro, und Mose erzählt seinem Schwiegervater, wie Gott sein Volk befreit hat.

Ex 18,9-11 *»Da freute sich Jitro über all das Gute, dass der HERR für Israel getan hatte. [...] Und Jitro sprach: Gepriesen sei der HERR [JHWH), der euch aus der Hand Ägyptens und aus der Hand des Pharao gerettet hat. [...] Nun weiß ich, dass der HERR größer ist als alle Götter.«*

Und dann hält der midianitische Priester ein Opfermahl für Gott, »*und Aaron und alle Ältesten Israels kamen, um mit dem Schwiegervater des Mose vor Gott das Mahl zu halten*«. Man kann sich kaum vorstellen, dass Aaron und die Ältesten Israels gemeinsam mit dem midianitischen Priester ein Opfermahl gefeiert hätten, wenn dieser einen andern Gott als sie verehrt hätte.

So deutet also einiges darauf hin, dass Mose und Israel dem Gott mit dem Namen JHWH in Midian begegnet sind. Was dies religionsgeschichtlich bedeutet, beschreibt Rainer Albertz so: »Der Gott Jahwe ist somit älter als Israel; er war ein südpalästinischer Berggott, bevor er zum Gott der Befreiung für die Mosegruppe wurde. Wichtig dafür war wohl, dass er ein Gott war, der von außen kam, ein fremder Gott, der noch nicht in das Gefüge des ägyptischen Pantheons eingebaut und damit in der Lage war, dieses gesellschaftsstabilisierende religiöse System aufzubrechen. Als Berggott einer wilden und einsamen Region, die politisch kaum organisiert war, verehrt nur von freiheitsliebenden nomadischen Stämmen, war er noch so wenig Symbol staatlicher Herrschaft geworden, dass er für Mose und dann für seine Leute zum Symbol der Befreiung werden konnte« (Albertz 1992, 84). Walter Dietrich sieht es ähnlich: »Den Gott dieses Namens [JHWH], der zunächst in den Steppen- und Wüstengebieten Südpalästinas beheimatet war, scheinen anfangs nur bestimmte israelitische Gruppen kennengelernt und verehrt zu haben, darunter womöglich auch solche, die das Schicksal über den Sinai hinaus nach Ägypten verschlug [...] Es ist sehr wohl denkbar, dass einer dieser ›Hebräer‹, der im ägyptischen Milieu aufgewachsen war und deshalb den ägyptischen Namen Mose trug, draußen im Sinaigebiet, bei den Midianitern, zu diesem Gott fand und unter Berufung auf ihn seine Landsleute zum Auszug aus Ägypten bewog« (Dietrich 2013, 287). Und dieser Gott, dieser Jahwe, dem Mose begegnet ist, wird nun für ihn und für Israel identisch mit dem Gott der Väter. Mose stößt in der Wüste Midian auf diesen südpalästinischen Gott namens Jahwe, und es wird ihm bewusst, dass dieser ja kein anderer ist als der Gott Abrahams, Isaaks und Jakobs.

Die Begegnung mit dem Gott der »freiheitsliebenden nomadischen Stämme«, der selbst zum Befreier wird, diese Entdeckung hat Israel für alle Zeiten entscheidend geprägt. Sie findet ihren Niederschlag in den sozialen Geboten der Tora, im Widerstand gegen das Königtum, in den königskritischen, gesellschafts- und herrschaftskritischen Texten bei den Propheten, in manchen Psalmen, in denen JHWH gepriesen wird als der Gott, der den Witwen und Waisen, den Kleinen und Niedrigen zum Recht verhilft und die Großen und Mächtigen in ihre Schranken weist. Wie in Israel das Leben und Regieren der eigenen Könige, das Treiben der eigenen Potentaten derart scharf und schonungslos kommentiert und kritisiert wird, ist im ganzen Alten Orient und wohl in der ganzen Alten Welt einmalig. JHWH, der Gott Israels, hat etwas Anarchisches, Kommunitäres, ja Revolutionäres an sich. Der Titel des Buches »Exodus« des Ägyptologen Jan Assmann trägt denn auch, wie eingangs erwähnt, den Untertitel »*Die Revolution der Alten Welt*«.

Diese Wesensart und dieses Wirken Gottes bezeugt auch das Neue Testament. Gleich zu Beginn des Lukasevangeliums singt Maria ihr Lied, das Magnificat, das dem Hannalied von 1Sam 2,1-10 nachgebildet ist. Gott »*hat die Niedrigkeit seiner Magd angesehen. [...] Mächtige hat er vom Thron gestürzt und Niedrige erhöht. Hungrige hat er gesättigt mit Gutem und Reiche leer ausgehen lassen*« (Lk 1,48.52-53). Die Zuwendung Jesu gilt vorab den Kleinen, Armen, Niedrigen, Kranken und Verachteten. Der Name Jesus ist die griechische Form von *j^{e}hoschua* (Josua). Der Name enthält die zwei ersten Buchstaben des Gottesnamens JHWH und bedeutet »Jahwe rettet«. Im Namen Jesus ist sozusagen das Exodus-Programm enthalten. Der Geist des Exodus weht auch durch das Neue Testament.

Zudem bleibt der Exodus, die Befreiung durch JHWH, den anarchischen, herrschaftskritischen Gott, der aus der Wüste kommt, auch im Judentum späterer Zeiten lebendig. Das Judentum sperrt sich meistens gegen die vollständige Assimilation an andere Kulturen, in ihm bleibt etwas Fremdes, Herrschaftskritisches. Juden und Jüdinnen leben seit zweieinhalb Jahrtausenden in fremden Ländern, oft geduldet, manchmal integriert, manchmal diskriminiert, in Ghettos verdrängt, geächtet, unterdrückt, verfolgt bis hin zum Genozid. Und immer und überall bleibt unter und in ihnen die Erzählung vom Exodus lebendig und der Glaube, dass ihr Gott der Gott der Befreiung ist.

AUF NACH ÄGYPTEN ZUM PHARAO!

Gott hat sich dem Mose offenbart als der »*Ich werde-sein-der-ich-sein werde*« und zugleich als der Gott der Väter.

»*Und nun geh, ich sende dich zum Pharao. Führe mein Volk, die Israeliten, heraus aus Ägypten.*« Ex 3,10

Mose aber will nicht und macht Einwände geltend.

»*Wer bin ich, dass ich zum Pharao gehen und die Israeliten aus Ägypten herausführen könnte?*« Ex 3,11

Die Israeliten würden nicht auf ihn hören und nicht glauben, dass er von Gott gesandt sei. Darauf heißt Gott ihn, seinen Stab auf die Erde zu werfen, worauf sich dieser in eine furchterregende Schlange verwandelt. Auf Gottes Geheiß ergreift Mose diese mit der Hand, und aus der Schlange wird wieder der Hirtenstab. Aber auch weitere Zeichen können Mose noch nicht von seiner Sendung überzeugen. Er könne schließlich nicht gut reden. »*Herr, ich bin kein Mann von Worten [...] schwerfällig sind mein Mund und meine Zunge*« (Ex 4,10) Und dann die schlichte Weigerung: »*Herr, sende, wen immer du senden willst*« (Ex 4,13), womit er den Zorn Gottes provoziert. Gott verweist Mose auf seinen Bruder Aaron. Der werde mit ihm gehen, der verstehe zu reden und werde als Sprachrohr dem Pharao ausrichten, was Mose ihm vorgesprochen habe. So verabschiedet sich Mose schließlich von seinem Schwiegervater, nimmt seine Frau Zippora und seine beiden Söhne und seinen Stab – er wird noch eine wichtige Rolle spielen – und bricht auf nach Ägypten.

Exodus 4,24-26 unterbricht die Reise durch eine seltsame und verstörende Episode:

Ex 4,24-26 »*Unterwegs aber, im Nachtlager, trat ihm der HERR entgegen und wollte ihn töten. Da nahm Zippora einen scharfen Stein und schnitt die Vorhaut ihres Sohnes ab und berührte damit seine Füße* (Füße zählten zu den Geschlechtsteilen) *und sprach: Ein Blutbräutigam* *bist du mir. Da ließ er von ihm ab. Der Beschneidung wegen sagte sie damals: Blutbräutigam.«*

Es ist eine dunkle Stelle, deren Bedeutung nicht ganz aufzuhellen ist. Die alten jüdischen Ausleger gehen davon aus, Gott habe Mose bestrafen wollen, weil er seine Söhne noch nicht habe beschneiden lassen. Benno Jacob bietet eine andere Übersetzung: JHWH wollte Mose nicht töten: »er drohte ihn zu töten«. Denn »Gott zürnt dem Mose, dass er Frau und Kinder mitnimmt, weil er sich ganz seiner Mission widmen soll. Nur Ahron soll ihm zur Seite stehen, und nur mit dem Gottesstabe soll er ausgerüstet sein. Frau und Kinder würde er in Ägypten nur in Gefahr bringen« (Jacob, 102). Rainer Albertz legt in seiner Deutung das Hauptgewicht auf das geistesgegenwärtige Handeln der Zippora. Indem sie ihren Sohn gewissermaßen beschneidet, gliedert sie ihn in das Volk Israel ein. Indem sie die Genitalien ihres Mannes mit dem Blut ihres Sohnes berührt, begründet sie »ein neues, noch engeres Verhältnis zu Mose, indem sie ihn zu ihrem ›Blutsbräutigam‹ erklärte, der über die Heirat hinaus durch das Blut ihres Kindes verwandtschaftlich mit ihr verbunden war. Die Midianiterin Zippora wurde somit von JHWH dazu herausgefordert, in der Stunde äußerster Bedrohung ihre Solidarität mit ihrem hebräischen Mann zu bewähren und sich und ihr Kind ganz seinem Volk einzufügen« (Albertz 2012, 97). So gelesen, ist die seltsame und befremdliche Episode einmal mehr ein Beispiel, wie mutige und kluge Frauen mit ihrem Tun Geschichten, die böse hätten enden können, zum Guten gewendet haben – man denke nur an die Mutter und Schwester des Mose und an die Tochter des Pharao. Das Alte Testament bietet viele solche Beispiele.

Und so gelangt Mose schließlich mit Frau und Kindern und begleitet von seinem leiblichen Bruder Aaron nach Ägypten. Dort versammelt er die Ältesten der Israeliten.

Ex 4,31 »*Und das Volk glaubte. Und sie hörten, dass der HERR sich der Israeliten angenommen und ihr Elend gesehen hatte, und sie verneigten sich und warfen sich nieder.*«

»LASS MEIN VOLK ZIEHEN«

Und dann kommt es zum erbitterten Ringen zwischen Mose und dem Pharao, oder man muss wohl genauer sagen: zwischen dem Pharao und Gott, zwischen dem Unterdrücker und dem Befreier. Die Kapitel 5 bis 12 erzählen davon. Mose und Aaron treten vor den Pharao und sagen:

»So spricht der HERR, der Gott Israels: Lass mein Volk ziehen, damit sie mir in der Wüste ein Fest feiern.« Ex 5,1

Der Pharao will von diesem Gott nichts wissen und denkt nicht daran, die Israeliten ziehen zu lassen. Stattdessen verschärft er ihre Fron. Wurde ihnen bis dahin das Häcksel für die Ziegel, die sie brennen mussten, von den Ägyptern geliefert, müssen sie es jetzt selbst beschaffen und doch die gleiche Menge Ziegel abliefern.

Gott teilt dem Mose mit, dass er nun seine Macht zeigen, Zeichen und Wunder tun und »*gewaltige Gerichte*« (Ex 7,4) über Ägypten schicken werde, damit der Pharao die Israeliten ziehen lasse. Man erfährt nebenbei, dass

Mose zu dieser Zeit achtzig Jahre, Aaron dreiundachtzig Jahre alt gewesen sei. Von Anfang an rechnet Gott damit, dass der Pharao nicht einlenken wird, denn dessen Herz ist verstockt, ja, für uns wiederum irritierend: Gott selbst verhärtet das Herz des Pharao (Ex 7,3). Zunächst demonstrieren Mose und Aaron die Macht ihres Gottes vor Pharao. Aaron wirft seinen Stab zu Boden und dieser verwandelt sich in eine Schlange. Doch dieses Wunder bringen die ägyptischen Zauberer auch zustande. Und weil das Herz des Pharao weiterhin verstockt ist, schickt Gott die zehn Plagen über Ägypten. Als erstes streckt Mose seinen Stab aus über den Nil, und das Wasser des Nil und das Wasser aller Flüsse und Teiche wandelt sich in Blut, sodass die Fische sterben und das Wasser stinkt, dass man es nicht mehr trinken kann. Doch die ägyptischen Wahrsager können dieses Wunderzeichen ebenfalls tun – wobei man sich natürlich sogleich fragt, wie sie das denn haben tun können, wenn doch alles Wasser bereits blutig geworden ist.

Was für eine Bewandtnis hat es mit dem Stab in der Hand des Mose, der sich in eine Schlange verwandelt? Wenn Mose auf Geheiß Gottes den Stab über den Nil ausstreckt, verwandelt sich dessen Wasser in Blut, und wenn er ihn später über das Schilfmeer streckt, spalten sich die Fluten und die Israeliten können trockenen Fußes hindurchgehen. Mit einem Zauberstab hat der Stab nichts zu tun. Durch einen Zauber soll ja die Gottheit oder ein Geist dazu gezwungen werden zu tun, was der, der den Zauberstab besitzt, von ihm will. Der Stab des Mose ist das Gegenteil davon. Jede Art von Zauberei wird im Alten Testament strengstens verboten, denn sie macht Gott zum Götzen. Der Stab demonstriert nicht die Macht des Mose, sondern die Macht Gottes. Er ist ein Symbol für die Vollmacht, die Gott dem Mose verleiht, wenn er tun soll, wozu Gott ihn beauftragt. Er ist »kein Zauberstab, sondern ein in der Hand gehaltenes, also sichtbares Zeichen seiner [des Mose] Würde und Befugnis als bevollmächtigter Gesandter des allmächtigen Gottes« (Jacob, 200).

Mose geht wieder zum Pharao und richtet ihm aus, wenn er sich weigere, die Israeliten ziehen zu lassen, dann werde Ägypten mit einer Froschplage heimgesucht.

»Ich werde dein ganzes Gebiet mit Fröschen plagen. Ex 8,27-29
Der Nil wird von Fröschen wimmeln und sie werden

herauskommen und in dein Haus eindringen, in dein Schlafgemach und bis auf dein Bett [...] in deine Backöfen und Backtröge. Und über dich und dein Volk werden die Frösche kommen.«

Und so geschieht es denn auch – eine recht eklige Vorstellung, auch wenn Frösche an sich schöne Tiere sind, besonders wenn diese Froschmassen dann als stinkende Kadaver das ganze Land bedecken. Auch diesmal können die ägyptischen Zauberer noch mithalten.

Das vermögen sie bei den weiteren Plagen nicht. Diese folgen Schlag auf Schlag. Eine Mückenplage kommt über Menschen und Tiere, darauf wird das Land von Stechfliegen heimgesucht. Jetzt erklärt sich der Pharao bereit, die Israeliten ziehen zu lassen. Kaum aber sind die Fliegen verschwunden, verhärtet sich sein Herz von Neuem und er nimmt seine Zusage zurück. Die fünfte Plage besteht aus einer Viehpest, die alles Vieh der Ägypter dahinrafft, nicht aber die Tiere der Israeliten. Als nächstes werden Menschen und Vieh (es war also trotz der vorhergehenden Plage noch Vieh vorhanden) von eiternden Geschwüren mit aufplatzenden Blasen geplagt. Als siebte Plage schickt Gott ein fürchterliches Unwetter mit Hagel und Feuer über das Land, das Menschen und Tiere niederstreckt, die Bäume zerbricht und das Gewächs vernichtet. Seltsam dabei die Anmerkung, der Hagel habe Gersten und Flachs zerschlagen, nicht aber den Weizen, weil dieser erst später reife (Ex 9,31 f.). Das Gebiet Goschen, wo die Israeliten siedeln, bleibt von dieser Unwetterkatastrophe verschont.

Die achte Plage sind Heuschreckenschwärme, die alles auffressen, was der Hagel übrig gelassen hat. Mose streckt auf Gottes Geheiß seine Hand aus über Ägypten, und der Ostwind treibt die Heuschrecken über das ganze Land. Jetzt wird der Pharao von seinen eigenen Dienern bedrängt, die ihm nahelegen, die Israeliten ziehen zu lassen. »*Erkennst du noch immer nicht, dass Ägypten verloren ist?*« (Ex 10,7). Wieder erklärt sich der Pharao bereit, das Volk jetzt ziehen zu lassen.

»Aber der HERR machte das Herz des Pharao hart, und dieser ließ die Israeliten nicht ziehen.« **Ex 10,20**

Die neunte Plage bringt eine drei Tage dauernde Finsternis, so finster, dass man sie mit Händen greifen und keiner mehr den andern sehen konnte. Doch auch diese Plage kann das verstockte Herz des Pharao nicht bewegen. Mehrmals lesen wir, dass es Gott ist, der das Herz des Pharao verhärtet. Dies und vor allem die zehnte Plage wirft schwere Fragen auf im Blick auf Gottes Handeln.

Denn um den Pharao und die Ägypter mürbe zu machen, lässt Gott die zehnte Plage ankünden (Ex 11,1-10): Alle Erstgeborenen in ganz Ägypten, Menschen und Tiere, sollen hinweggerafft werden. Doch selbst auf diese Androhung lässt sich der Pharao nicht erweichen. »*Der Herr machte das Herz des Pharao hart, und dieser ließ die Israeliten nicht aus seinem Land ziehen.*« Und so kommt es, wie es kommen muss. Exodus 12,29-36 erzählt das entsetzliche Geschehen in wenigen dramatischen Sätzen:

Ex 12,29-36 »*Um Mitternacht aber schlug der HERR alle Erstgeburt im Land Ägypten, vom Erstgeborenen des Pharao, der auf seinem Thron saß, bis zum Erstgeborenen des Gefangenen, der im Kerker lag, und alle Erstgeburt des*

Viehs. Da stand der Pharao auf in der Nacht, er mit allen seinen Dienern und ganz Ägypten. Und es erhob sich ein großes Geschrei in Ägypten, denn es gab kein Haus, in dem nicht ein Toter war. Und in der Nacht rief er Mose und Aaron und sprach: Macht euch auf, zieht weg aus meinem Volk, ihr und die Israeliten, und geht, dient dem HERRN, wie ihr gesagt habt. Nehmt auch eure Schafe und Rinder, wie ihr gesagt habt, und geht! Und bittet auch für mich um Segen. Und die Ägypter drängten das Volk, um es rasch aus dem Land zu schaffen. Denn sie dachten: Wir müssen sonst alle sterben. Da nahm das Volk seinen Brotteig, noch ehe er durchsäuert war. Sie trugen ihre Backtröge in ihre Mäntel gewickelt auf der Schulter. Und die Israeliten hatten nach dem Wort des Mose gehandelt und sich von den Ägyptern silberne und goldene Gegenstände und Kleider erbeten. Und der HERR hatte dem Volk bei den Ägyptern Gunst verschafft, sodass sie auf ihre Bitten eingingen. So plünderten sie Ägypten.«

Es ist eine wahrhaftig verstörende Geschichte. Auf einmal gehört unser Mitgefühl nicht nur den unterdrückten

Israeliten, sondern auch den ägyptischen Müttern und Vätern, die um ihre ermordeten Kinder weinen. Was ist das für ein Gott, der ein solches Gemetzel anrichtet? Darauf wird zurückzukommen sein.

EINE »GEDÄCHTNISGESCHICHTE«

Doch zunächst lesen wir weiter – Exodus 12,37 f.:

Ex 12,37-38 »*Und die Israeliten brachen auf von Ramses nach Sukkot, etwa sechshunderttausend Männer zu Fuß, Frauen und Kinder nicht mitgezählt. Auch viel fremdes Volk zog mit ihnen hinaus, dazu Schafe und Rinder, eine gewaltige Menge Vieh.*«

Die Zahl 600.000 wird auch in Numeri 11,21 genannt. Ja, Exodus 38,26 gibt sogar die genaue Zahl an: 603.550 Mann sollen es gewesen sein. Der Leser, die Leserin greift sich an den Kopf und fragt sich: Wie denn? 600.000 Männer? Und wenn man Frauen und Kinder mitzählt – nach

Exodus 1,19 f. waren die Hebräerinnen ja besonders gebärfreudig –, kommt man gut und gerne auf eine Zahl zwischen zwei und drei Millionen Menschen, dazu noch fremdes Volk und eine gewaltige Menge Vieh. Man stelle sich das vor: eine solche Menge Menschen unterwegs, durch das Schilfmeer, während vierzig Jahren durch die Wüste wandernd. Es »hätten die Israeliten in Zehnerreihen eine 240 Kilometer lange Kolonne gebildet und acht oder neun Tage gebraucht, um an irgendeinem beliebigen Punkt vorbeizumarschieren«, schreibt Erich H. Cline mit Berufung auf die Bibelwissenschaftler Maxwell Miller und John Hayes; dazu hätte die vierzigjährige Wüstenwanderschaft eines ganzen Volkes einen unvorstellbaren logistischen Aufwand erfordert (Cline, 101).

Spätestens an dieser Stelle stellt sich unabweisbar die Frage: Hat der Exodus Israels, so wie er in der Bibel erzählt wird, historisch gesehen stattgefunden? Die Antwort kann nicht anders lauten als: Nein, einen solchen Massenexodus hat es nicht gegeben; dagegen sprechen die archäologischen Befunde und die historischen Erkenntnisse. Die Anwesenheit einer so großen Menge von Israeliten in Ägypten, ihre Flucht und die Dezimierung der ägyptischen Bevölkerung durch die

Vernichtung der Erstgeborenen und der Untergang des ganzen Heeres im Schilfmeer hätten Spuren hinterlassen müssen; doch archäologische Untersuchungen haben keine gefunden.

Hinzu kommen Ungereimtheiten. Nach 1. Könige 6,1 hat König Salomo im vierhundertachtzigsten Jahr nach dem Auszug der Israeliten mit dem Bau des Tempels begonnen. (Den Beginn der Regierung Salomos kann man etwa auf das Jahr 970 v. Chr. datieren.) Demnach hätte sich der Exodus etwa im Jahr 1450 v. Chr. ereignet, zur Zeit des Pharao Thutmosis III. Nach Exodus 1,11 mussten die hebräischen Fronarbeiter für den Pharao die »Vorratsstädte« Pitom und Ramses bauen. Die Stadt Ramses wurde unter Pharao Seti I. errichtet, unter dessen Sohn habe der Exodus stattgefunden. Die Bibel nennt die Pharaonen nicht mit Namen, doch müsste es sich bei diesem Pharao um Ramses II. handeln, der von 1279 bis 1213 v. Chr. regierte. Damit ergibt sich, was die Zeit des Exodus betrifft, zur Zeitangabe von 1. Könige 6 eine Differenz von 200 Jahren. Die in Exodus 1,11 erwähnte Stadt Pitom ist, wie archäologische Ausgrabungen gezeigt haben, erst Ende des 7. Jahrhunderts v. Chr. erbaut worden, was bereits ein Hinweis ist, dass hier ein

Schreiber im 6. Jahrhundert v. Chr. am Werk war, dem die damals bekannte ägyptische Stadt ein Begriff war (vgl. dazu Albertz 2012, 28 f.). Man könnte manche weiteren Ungereimtheiten nennen, die daran zweifeln lassen, dass das Exodusgeschehen, so wie es im zweiten Buch Mose erzählt wird, ein historisches Ereignis war.

Ist es also reine Fiktion? Die Antwort ist ein ebenso entschiedenes Nein. Um das zu verstehen, müssen wir hier innehalten und der Frage ein wenig nachgehen: Wie, wann, unter welchen Umständen und mit welcher Absicht ist denn das Buch Exodus und sind die Erzählungen von der Unterdrückung der Israeliten in Ägypten und ihre Befreiung aus der Sklaverei entstanden? Wann ist aus verschiedenen alten Erzählungen und Überlieferungen schließlich Literatur geworden: das Buch Exodus?

Wie viele andere Schriften des Alten Testaments hat auch das Buch Exodus eine lange und komplexe Entstehungsgeschichte. Viele Generationen haben daran geschrieben, haben alte Überlieferungen und bereits vorliegende Texte überarbeitet, modifiziert, ergänzt, verändert, neu formuliert. Es gilt, was Jan Assmann über den Mythos schreibt – wobei ich im Blick auf den Exodus eher von einer Sage als von einem Mythos reden möchte. »Was ist ein Mythos?«, fragt Assmann, und antwortet: »Ein Mythos [oder eine Sage] ist eine Geschichte, die nicht nur immer wieder, sondern auch immer wieder neu erzählt wird. Sie erneuert sich mit jeder wechselnden Gegenwart, die ihr neue Sinn-Nuancen abgewinnt« (Assmann 2015, 101). Rainer Albertz übernimmt im Blick auf den Exodus den von Assmann geprägten Begriff der »Gedächtnisgeschichte«, die Assmann so definiert: »Im Unterschied zur Geschichte im eigentlichen Sinne geht es der Gedächtnisgeschichte nicht um die Vergangenheit als solche, sondern nur um die Vergangenheit, wie sie erinnert wird« (Assmann 1998, 26). Ganz ähnlich verhält es sich ja mit den Geschichten über den Ursprung der Schweizerischen Eidgenossenschaft: Beim Rütlischwur und der Sage von Wilhelm Tell handelt es sich nicht um historische Ereignisse, sondern um Gedächtnisgeschichte.

In verschiedenen Zeiten der Geschichte Israels haben Bearbeiter die alte Exodus-Sage aufgenommen, aktualisiert und in ihrem Spiegel die jeweils eigene Gegenwart gedeutet. So spielte sie wohl eine wichtige Rolle, als es im 9. Jahrhundert nach dem Tod König Salomos zur Trennung des Nordreichs Israel vom Südreich Juda kam

(1Kön 12). Der Grund der Trennung war, dass Rehabeam, Salomos Nachfolger, die Israeliten mit noch härterem Frondienst bedrückte, als sein Vater es schon getan hatte. Das hatte zur Folge, dass sich ihm die Stämme des Nordreichs verweigerten und der Rebell Jerobeam sich zum König über das Nordreich machte. Rehabeam wurde sozusagen zu einem neuen Pharao, der Rebell Jerobeam zu einem neuen Mose, Juda und Jerusalem sozusagen das neue Sklavenhaus Ägypten, von dem sich Jerobeam und mit ihm das Nordreich nun lossagte.

So wurde die Exoduserzählung zu einer Art Gründungssage und zur »Staatsideologie« (Crüsemann) des Nordreichs. Es ist ja auffällig, dass die Pharaonen des Exodusbuchs nie beim Namen genannt werden und schon deshalb historisch nicht genau identifiziert werden können. So konnte »Pharao« zur Chiffre für Despoten und Unterdrücker verschiedener Zeiten werden. »Jerobeam als zweiter Mose – die Entstehung des Nordstaates aus dem Befreiungskampf gegen den eigenen judäischen Fronstaat: Die Analogien sind eindeutig, fraglich kann höchstens die Richtung der Abhängigkeit sei. Denn so sicher, wie es im Allgemeinen angesehen wird, ist es keineswegs, dass die Geschichte Jerobeams nach derjenigen des Mose geformt wurde. Viel mehr spricht dafür, dass die analogen Elemente aus den konkreten Umständen der *vita Jerobeams* stammen und zur erzählerischen Ausgestaltung der Moseüberlieferung beigetragen haben« (Crüsemann 2001, 109 f.). Als im 7. und 6. Jahrhundert Israel und Juda durch die Assyrer und die Babylonier unterdrückt und zum Teil deportiert wurden, erwies die alte Exodussage erneut ihre Aktualität und wurde auch im Südreich Juda zum Gründungsmythos ganz Israels und zugleich zur Hoffnungsperspektive.

PASSAH, DAS FEST DER ERINNERUNG AN DEN EXODUS

Ein Beispiel, das besonders gut zeigt, wie stark die Exoduserzählung in späteren Zeiten überarbeitet und ergänzt wurde, bietet Exodus 12. Erzählt wird hier, wie die Israeliten in der Nacht der Befreiung das Passah feierten. Dass Exodus 12,1-14 eine spätere Einfügung in den Text ist, zeigt den aufmerksam Lesenden die Lektüre der beiden den Einschub rahmenden Texte Exodus 11 und 12,29-42. In Exodus 11 wird die entscheidende letzte Heimsuchung Ägyptens angekündigt: Gott (JHWH) wird um Mitternacht durch Ägypten ziehen und alle Erstgeburt, vom Erstgeborenen des Pharao bis zum Erstgeborenen der Magd und die Erstgeburt des Viehs schlagen.

»Gegen die Israeliten aber, Menschen und Vieh, wird auch nicht ein Hund sein Maul aufreißen.« **Ex 11,7**

Aber auch auf diese Drohung hin bleibt das Herz des Pharao verhärtet und er lässt die Israeliten nicht ziehen. An dieses 11. Kapitel schließt Ex 12,29 ff. nahtlos an:

»Um Mitternacht schlug der HERR alle Erstgeburt im Land Ägypten.« **Ex 12,29**

Jetzt endlich lässt der Pharao die Israeliten ziehen, auch ihr gesamtes Vieh dürfen sie mitnehmen.

Ex 12,33 *»Und die Ägypter drängten das Volk, um es rasch aus dem Land zu schaffen; denn sie dachten: Wir müssen sonst alle sterben.«*

Und nun muss alles sehr schnell und übereilt gehen. Den israelitischen Frauen bleibt keine Zeit, um den Brotteig durchsäuern zu lassen.

Ex 12,34 *»Sie trugen ihre Backtröge in ihre Mäntel gewickelt auf der Schulter.«*

Erst auf ihrer Flucht aus Ägypten backen sie aus dem mitgenommenen Teig ungesäuerte Brote.

Ex 12,39 *»Sie waren ja aus Ägypten vertrieben worden und hatten nicht länger warten können und sich auch keine Wegzehrung bereitet.«*

So gelesen ergeben Kapitel 11 und 12,29-42 eine in sich zusammenhängende stimmige Einheit.

Doch dieser Zusammenhang wird durch Exodus 12,1-28 kommentiert. Hier lesen wir detaillierte Anweisungen für die Feier des Passah, in dessen Mitte das gemeinsame Schlachten und Essen eines Schafes oder einer Ziege steht. Mit dem Blut des Tieres sollen die Israeliten die Türpfosten ihrer Häuser bestreichen als Schutzzeichen.

»*Ich werde das Blut sehen*«, sagt Gott, »*und ich werde an euch vorübergehen, und der Schlag des Verderbens wird euch nicht treffen, wenn ich das Land Ägypten schlage.*« **Ex 12,13**

Die Bedeutung des Wortes Passah ist denn auch »vorübergehen«, »verschonen«. Auch die Anweisung, während des Passah ungesäuertes Brot zu essen, wird detailliert geschildert:

Ex 12,15 *»Sieben Tage sollt ihr ungesäuertes Brot essen. Gleich am ersten Tag sollt ihr den Sauerteig aus euren Häusern entfernen.«*

Vor allem aber fällt auf, dass den Israeliten geboten wird, in Zukunft das Passah zu feiern:

Ex 12,14 *»Dieser Tag soll für euch ein Gedenktag werden, und ihr sollt ihn feiern als ein Fest für den HERRN. Von Generation zu Generation sollt ihr ihn feiern, als ewige Ordnung.«*

Das gilt auch für die ungesäuerten Brote, die Mazzen:

Ex 12,17 *»Haltet den Tag der ungesäuerten Brote, denn an diesem Tage habe ich eure Heerscharen aus dem Land Ägypten herausgeführt. Haltet diesen Tag von Generation zu Generation, als ewige Ordnung.«*

»*Diese Anordnung*« betreffend Passah und ungesäuertes Brot, heißt es abschließend,

»... sollt ihr beachten als ewige Ordnung für dich und deine Söhne. Und wenn ihr in das Land kommt, das der HERR euch geben wird, wie er gesagt hat, sollt ihr festhalten an diesem Brauch. Und wenn eure Söhne zu euch sagen: Warum habt ihr diesen Brauch? – dann sollt ihr sagen: Es ist ein Passahopfer für den HERRN. Er ist an den Häusern der Israeliten vorübergegangen, als er Ägypten schlug, unsere Häuser aber hat er verschont.« Ex 12,24-27

Alle diese genauen Anweisungen zur Feier des Passah passen nun gar nicht in den Zusammenhang von Exodus 11 und 12,29-42. Sie müssen in späterer Zeit eingefügt worden sein. Und es lässt sich auch mit einiger Wahrscheinlichkeit sagen, wann und unter welchen Umständen. Als in Jerusalem noch der erste Tempel stand, war das Passah ein Wallfahrtsfest. Die israelitischen Familien pilgerten nach Jerusalem und feierten dort das Passah, wobei die Opfertiere im Vorhof des Tempels geschlachtet wurden. Nach der Eroberung Jerusalems und der Zerstörung des Tempels durch die Babylonier 587 v. Chr. und der Deportation der jüdischen Oberschicht ins Exil nach Babylon wurde die Passah-Pilgerreise nach Jerusalem gegenstandslos. Das Passah wandelte sich unter diesen Umständen zur Familienfeier. Und dazu brauchte es nun die genauen Anweisungen, wann und wie Passah gefeiert werden sollte und wie man es mit den ungesäuerten Broten, den Mazzen, halten sollte. Und weil das Passah ja die Feier zur Erinnerung an den Exodus ist, wurden nun diese Anweisungen in das Buch Exodus, genau zwischen die Erzählung Exodus 11 und 12,29-42 vom Auszug eingefügt.

Auch später, als nach dem babylonischen Exil der Tempel in Jerusalem wieder aufgebaut wurde (Baubeginn um 520 v. Chr.), behielt das Passahfest den Charakter einer Familienfeier, auch wenn man nun wieder nach Jerusalem pilgern und die Opfer beim Tempel darbringen konnte. Diese Situation begegnet uns im Neuen Testament. Jesus und seine Jünger kommen zum Passahfest nach Jerusalem. »*Und am ersten Tag der ungesäuerten Brote, als man das Passahlamm schlachtete, sagen seine Jünger zu ihm: Wo sollen wir hingehen und das Passahmahl für dich bereiten? Und er schickt zwei seiner Jünger und sagt zu ihnen: Geht in die Stadt, da wird euch einer entgegenkommen, der einen Krug Wasser trägt. Folgt ihm, und wo er hineingeht, da sagt zu dem Hausherrn: Der Meister lässt fragen: Wo ist der Raum, in dem ich mit meinen Jüngern das Passahlamm essen kann? Und er wird euch ein großes Obergemach zeigen, das bereit ist, mit Polstern ausgelegt; dort bereitet es für uns. Da gingen die Jünger, kamen in die Stadt und fanden alles so, wie er ihnen gesagt hatte. [...]*

Und während sie aßen, nahm er Brot, sprach den Lobpreis, brach es und gab es ihnen und sprach: Nehmt, das ist mein Leib. Und er nahm einen Kelch, sprach das Dankgebet und gab ihnen den, und sie tranken alle daraus. Und er sagte zu ihnen: Das ist mein Blut des Bundes, das vergossen wird für viele. Amen, ich sage euch: Ich werde von der Frucht des Weinstocks nicht mehr trinken bis zu dem Tag, da ich aufs Neue davon trinken werde im Reich Gottes. Und als sie den Lobgesang gesungen hatten, gingen sie hinaus auf den Ölberg« (Mk 14,12-16.22-26). So also hat Jesus mit den Seinen, seiner Jüngerfamilie, das Passah gefeiert.

In der christlich-kirchlichen Tradition ist weitgehend in Vergessenheit geraten, dass das Abendmahl seinen Ursprung im jüdischen Passah hat. Das Passah ist Erinnerung und Vergegenwärtigung der Befreiung Israels aus der Sklaverei durch Gottes Tat. So wird Passah – jüdisch heißt es *Pessach* – auch heute in den jüdischen Familien gefeiert, und zwar nach den Anweisungen von Exodus 12. Die Zeremonie der abendlichen Pessach-Mahlzeit, zu der sich die Familie am festlich gedeckten Tisch versammelt, nennt sich *Seder* (Ordnung). Zu ihr gehört das Lesen der Haggada, der Erzählung vom Exodus der Israeliten. »In jeder Generation«, heißt es da, »ist der Mensch verpflichtet, sich so zu sehen, als sei er selbst aus Ägypten ausgezogen«. So gedenken Juden und Jüdinnen an Pessach an die Befreiung aus der Sklaverei. Jan Assmann zitiert aus einer Anzeige in der New York Times die Worte: »Über Tausende von Jahren haben die Juden gezeigt, dass wir in der Teilnahme am Seder den Exodus nicht nur erinnern, sondern buchstäblich erleben und seine verwandelnde Kraft in unserem eigenen Leben zur Geltung bringen« (Assmann 2015, 208).

Christen und Christinnen vergegenwärtigen sich Passion und Tod Jesu Christi als Grund der Befreiung von der Herrschaft der Sünde und von der Versklavung durch irdische Mächte.

EIN HISTORISCHER KERN

So lebendig ist die Überlieferung der Exoduserzählung bis heute. Sie ist »Gedächtnisgeschichte«, man könnte auch sagen: Vergegenwärtigungsgeschichte. Sie hat sich, historisch gesehen, nicht so ereignet, wie sie im Buch Exodus geschildert wird. Sie ist im Verlauf von Generationen zu dem Text geworden, den wir heute vor uns haben; und diese Textgestalt hat die Erzählung im 6. Jahrhundert v. Chr. erhalten, in der Zeit des babylonischen Exils und in den Jahrzehnten danach.

Und dennoch ist die Exoduserzählung nicht frei erfunden. Zwischen Ägypten und Israel gab es vielfältige, über die Jahrhunderte wechselnde Beziehungen. So wanderten in bestimmten Zeiten Gruppen aus Kanaan, getrieben von Armut und Hunger, nach Ägypten, das wegen des Nils und dessen Verzweigungen von Dürreperioden nicht so stark betroffen war. So wurden tatsächlich für den Bau großer ägyptischer Städte zugezogene Siedler und Kriegsgefangene zu Frondiensten herangezogen, so besonders unter Pharao Ramses II. (1279-1213 v. Chr.) und seinen Nachfolgern. Ägyptische Kriegszüge im 15. bis 12. Jahrhundert v. Chr. führten bis nach Syrien, wobei Tausende von kanaanäischen Kriegsgefangenen nach Ägypten verschleppt wurden.

Was die Hauptfigur des Exodus, Mose, betrifft, so ist an ihr manches legendarisch. Aber für seine Herkunft aus Ägypten spricht eindeutig, dass er einen ägyptischen Namen trägt. Und dass er sich in Midian aufgehalten und dort den Gott mit dem Namen JHWH kennengelernt hat, lässt sich plausibel machen. So kann man von einem historischen Kern der Exoduserzählung ausgehen, dem dann über die Generationen hinweg manche Erzählkränze zugewachsen sind. Jan Assmann unterscheidet dreierlei: »Geschichte (im Sinn von ›was wirklich geschah‹), Mythos (was man sich davon erzählt) und Literatur (wie diese Überlieferung schriftlich verarbeitet wurde). An die Geschichte kommen wir […] nicht heran. Das heißt aber nicht, dass die biblischen Erzählungen nicht einen wahren Kern haben könnten. Ich halte es sogar viel eher für wahrscheinlich, dass es ein als wundersame Rettung erfahrenes Ereignis gegeben hat, das zum Kristallisationspunkt einer Erzählung – oder einem Zyklus von Erzählungen – wurde, in die dann eine ganze Reihe verschiedener historischer Erfahrungen und Erinnerungen eingegangen sein könnten« (Assmann 2015, 55).

Rainer Albertz hat in seinem Exodus-Kommentar versucht, diesen historischen Kern zu formulieren: »Folgt man dieser Spur, dann könnte Mose der Führer einer kleineren Gruppe von Kriegsgefangenen kanaanäischer Herkunft gewesen sein, die in ramessidischer Zeit [also im 13. Jahrhundert v. Chr.] zu Fronarbeiten gezwungen wurden. Vom Gott JHWH, den er bei seinem midianitischen Schwiegervater kennengelernt hatte, sah sich Mose beauftragt, mit dieser Gruppe von Fronarbeitern aus dem ägyptischen Herrschaftsbereich zu fliehen und in die kanaanäische Heimat zurückzukehren.

Danach schloss sich diese Mosegruppe den Siedlern auf dem Gebirge an, die sich unter dem Namen ›Israel‹ schon so weit wie möglich der ägyptischen Provinzherrschaft entzogen hatten. Damit vermittelte sie den Siedlern ihre Befreiungserfahrung und mit ihr zusammen den Gott JHWH. Indem die israelitischen Siedler, die sich ursprünglich den Gott El zu ihrem Namenspatron erwählt hatten (*yiśrāʾel*, ›El herrscht bzw. soll herrschen‹), zur Verehrung des Gottes JHWH übergingen, der sich als Befreier der Mosegruppe erwiesen hatte, übernahmen sie auch deren Sicht von der Befreiung aus der ägyptischen Zwangsherrschaft, als die

Macht Ägyptens über Kanaan zusammenbrach und ihnen allen endgültig die Freiheit geschenkt wurde. Auf diese Weise könnte die Modellierung des Gründungsmythos entstanden sein, welche die Befreiung Israels nicht als einen von Gott gefügten Zusammenbruch der ägyptischen Herrschaft über Kanaan, sondern als eine von JHWH und Mose initiierte Herausführung aus dem ägyptischen Herrschaftsbereich erzählte. Im Zuge dessen wurde in der Gedächtnisgeschichte Israels die ehemalige Herrschaft Ägyptens über Kanaan völlig vergessen« (Albertz 2012, 34).

Solche Einsichten in die jahrhundertelange komplexe Entstehungsgeschichte des Exodusbuchs entlasten von den Versuchen, alle Einzelheiten der Erzählung zu erklären und irgendwie plausibel zu machen. Das gilt etwa für die zehn Plagen, die Gott über Ägypten verhängt hat. Es macht keinen Sinn zu fragen, was denn gemeint sein könnte mit dem Blut, in das sich die Wasser des Nil verwandelt haben. Es macht wenig Sinn zu fragen, wie es denn hätte möglich sein können, dass auf einmal eine solche Unzahl von Fröschen über Ägypten gekommen sei. Es hat keinen Sinn zu fragen, ob es denn tatsächlich in Ägypten einmal eine solche Mücken-,

Fliegen- und Heuschreckenplage oder eine umfassende Finsternis – vielleicht eine Verfinsterung der Atmosphäre durch einen Vulkanausbruch – gegeben habe, wie es Exodus 7-10 erzählt wird. Naturkatastrophen, verheerende Heuschreckenschwärme, die die Ernten vernichteten, Insektenplagen, die Epidemien verursachen können, zerstörende Unwetter wird es in Ägypten gegeben haben, und davon wusste man wohl auch in Israel. Aber der Versuch, hinter diesen Plagen ganz konkrete, gar zeitlich einzuordnende historische Ereignisse zu sehen, bringt nichts. Weiter führt es zum Verstehen, wenn man in der biblischen Erzählung bewusst angelegte Pointen entdeckt, wie Rainer Albertz es in seinem Exodus-Kommentar getan hat:

»Man hat den Eindruck, dass der Autor der Plagen-Auszugs-Erzählung die Details der Froschplage mit bewusster ironischer Übertreibung ausmalt. Dass dem mächtigen Potentaten die Frösche im Bett auf der Nase herumspringen und er sie im Schlaf zu einem ekligen Brei zerquetscht, ist für die von ihm Unterdrückten eine schöne Vorstellung! Es ist wohl eine ganz bewusste Entscheidung der biblischen Autoren, Gott ausschließlich kleine Tiere für seine Sanktionen gegen Pharao einsetzen zu lassen (Frösche, Mücken, Stechfliegen, Heuschrecken). Dass nicht etwa große und gefährliche Löwen oder Nilpferde, sondern lästige kleine Plagegeister durch ihr massenhaftes Auftreten die Macht des Pharaos ins Wanken bringen, ist ein ironischer Grundzug der Plage-Erzählungen, mit dem die Autoren die Selbstüberhebung politischer Macht entlarven wollen. Der in der Erzählung von der Froschplage aufgebaute ironische Kontrast wird noch schärfer, wenn man sich klarmacht, dass im alten Ägypten die rituelle Jagd des Pharao und seiner hohen Beamten auf das gefährlichste Tier des Nils, das Nilpferd, eine hohe, auch religiöse Bedeutung hatte. Nach ägyptischer Vorstellung dämmte der ägyptische König durch sie die Chaosmächte ein und bewies sich als Schützer der Weltordnung. Wenn man sich vorstellt, dass dieser kühne Nilpferdjäger von kleinen quakenden Fröschen Reißaus nehmen könnte, muss man unwillkürlich schmunzeln« (Albertz 2012, 148). Die Erzählung von der Frosch-, Mücken- und Fliegenplage wäre dann also auch eine Art antike Satire oder ein literarischer Cartoon. Deutlich ist jedenfalls die macht- und herrschaftskritische Tendenz, die hier und im ganzen Exodusbuch – wie letztlich in der Bibel überhaupt – anzutreffen ist.

DIE DUNKLE SEITE GOTTES

Die Erzählung von der zehnten Plage hat nun allerdings nichts mit einer Satire zu tun. Da vergehen einem Humor und Lachen. Gott bestraft die Ägypter wegen des verhärteten Herzens des Pharao, das er aber selbst verstockt hat, auf entsetzlich brutale Weise.

»Um Mitternacht aber schlug der HERR alle Erstgeburt in Ägypten, vom Erstgeborenen des Pharao, der auf seinem Throne saß, bis zum Erstgeborenen des Gefangenen, der im Kerker lag, und alle Erstgeburt des Viehs. Da stand der Pharao auf in der Nacht, er mit allen seinen Dienern und ganz Ägypten. Und es erhob sich ein großes Geschrei in Ägypten, denn es gab nicht ein Haus, in dem nicht ein Toter war.« Ex 12,29-30

Wie kann Gott zu solchen Strafmaßnahmen greifen, die ja nicht nur den Pharao und dessen Schergen betreffen, sondern das ganze Volk, auch die Ägypter und Ägypterinnen, die an der Unterdrückung nicht aktiv beteiligt sind, samt ihren kleinen Kindern? Ja, man möchte über den Text hinausdenken und fragen: Ist auch das Erstgeborene der Pharaonentochter, die für Mose gesorgt hat, falls sie denn eigene Kinder hatte, umgekommen? Jedenfalls zeigt sich Gott hier von einer dunklen Seite. Wie gehen wir damit um?

Zunächst hat die Erzählung davon, wie die Befreiung zustande kam, einen sehr realistischen Hintergrund. Die Befreiung unterdrückter Menschen ist selten ein friedlicher Vorgang; meistens ist sie mit Gewalt verbunden. Die, die an der Macht sind, haben kein Gehör für die Klagen und Forderungen der Unterdrückten um Erleichterung oder Befreiung von den ihnen auferlegten Lasten. Sie haben ihre eigenen Interessen vor Augen und verteidigen ihre Macht. Ihre Herzen sind verhärtet und verstockt. Und so eskalieren die Konflikte; die Unterdrückten radikalisieren sich, es kommt zu Protesten und Demonstrationen, zu Sklavenaufständen, gar zu Revolutionen, die von den Machthabern mit Gewalt unterdrückt werden. Die Gewalt führt zu Gegengewalt. Und dabei sind zumeist die direkt Unbeteiligten, Frauen und Kinder, die Leidtragenden. Der Pharao reißt mit seiner Hartherzigkeit – man kann auch sagen: mit seiner sturen, unklugen und zukunftslosen, nur am Beharren auf seiner Macht orientierten Politik – sein eigenes Volk ins Verderben. Der Pharao hat die Israeliten geplagt; nun fallen die Plagen auf ihn selbst und auf sein eigenes Volk zurück. So gesehen ist der Exodus ein realistisches Beispiel für soziale und politische Umbrüche und Konflikte, wie sie sich in der Menschengeschichte immer wieder ereignet haben und sich auch heute ereignen. Die Verfolgung der Israeliten durch Pharao und die entsetzlichen Folgen für sein ganzes Volk haben eine auffällige Parallele zur Verfolgung der Juden im Dritten Reich durch einen verblendeten Diktator und seine Anhänger und dem unsäglichen Elend, das sie damit über ihr eigenes Volk gebracht haben.

Doch ist damit die Frage, was Gott mit der Verstockung des Pharao und mit den Plagen zu tun hat, nicht beantwortet. Was lässt sich dazu sagen? Zunächst einmal, dass die ganze Exodusgeschichte aus der Perspektive der Unterdrückten und Befreiten erzählt ist. Keine Frage, der Gott, von dem hier erzählt wird, ist ein parteiischer Gott. Und man muss sogleich präzisieren: Er ist ein Gott, der Partei für die Geplagten, Schwachen und Unterdrückten ergreift. Und das kann er angesichts der realen Wirklichkeit dieser Welt nur, indem er gegen die Unterdrücker, Peiniger und Ausbeuter Partei ergreift. Das unterscheidet den Gott, dessen Name JHWH heißt, von den Göttern Ägyptens, Assurs und Babylons. Sie stützen und legitimieren die Herrschaft der Mächtigen. Sie stehen auf deren Seite. Sie sind Götter, die die bestehenden Verhältnisse stabilisieren. Befreiende Götter sind sie nicht. Dass JHWH als der Gott der Kleinen, Geplagten und Unterdrückten erscheint, davon erzählt nicht nur die Exodusgeschichte, sondern es ist ein Thema, das sich wie ein roter Faden durch das Alte Testament zieht und bis in das Neue Testament. Wenn Maria in ihrem Loblied Gott preist, weil er die Mächtigen von ihrem Thron stürzt und die Niedrigen erhebt, die Hungrigen satt macht und die Reichen leer hinwegschickt, dann preist sie denselben Gott, der uns in der Befreiung der Israeliten aus der ägyptischen Sklaverei begegnet. Walter Dietrich hat es so formuliert: »Gottes Eingreifen gegen die Bedränger seines Volkes ist sein opus alienum [sein ihm fremdes Tun]; der Einsatz für die Seinen ist sein opus proprium [sein ihm eigentliches Tun]« (Dietrich 2013, 293).

Nun möchte man noch weiterfragen: Wenn Gott doch die Herzen der Menschen lenkt, weshalb hat er denn das

Herz des Pharao verstockt? Weshalb hat er dessen Herz nicht bewegt, sein hartes Herz nicht weich gemacht, ihm nicht Einsicht und Vernunft gegeben? Das kann man im Blick auf alle bösen Menschen, im Blick auf die menschenverachtenden Gewaltherrscher aller Zeiten fragen. Aber die Frage läuft ins Leere. Realität ist, dass der Pharao ein verstockter, uneinsichtiger Monarch ist, der nicht tut, was den Israeliten und auch seinem eigenen Volk zum Guten gereicht. Aber da für die Menschen, die die Geschichten des Alten Testaments erzählt, überliefert und aufgeschrieben haben, alles, was geschieht, letztlich zurückgeht auf den Willen und das Wirken Gottes, muss er es sein, der das ohnehin harte Herz des Pharao verhärtet. Das entlastet freilich den Pharao in keiner Weise von der Verantwortung.

Man möchte sich nebenbei fragen, weshalb der Erzähler in der schönen Geschichte von der Errettung des Mosekinds durch das Zusammenwirken ägyptischer und hebräischer Frauen das Wirken Gottes nicht ins Spiel bringt. Weshalb sagt er nicht, Gott habe das Herz der Pharaonentochter bewegt und weich gemacht? In der bösen Geschichte des verstockten Pharao dagegen wird Gott als Verursacher der Verstockung geltend gemacht.

Weshalb wird Gott in dieser Erzählung für das Schöne und Gute nicht in Anspruch genommen, wohl aber für das Böse und Traurige?

HUMANITÄT GEGENÜBER FREMDEN

Die Geschichte steuert nochmals auf einen dramatischen Höhenpunkt in der Auseinandersetzung, im Kampf zwischen Gott und dem ägyptischen Pharao zu. Nachdem die Ägypter durch die Tötung ihrer Erstgeburt so schwer geschlagen sind, lässt der Pharao endlich, endlich die Israeliten aus Ägypten ziehen. Von diesem Aufbruch erzählt Exodus 12,37-42. Dann wird aber der Fortgang der Erzählung schon wieder unterbrochen durch den in späterer Zeit eingefügten Abschnitt Exodus 12,43 bis 13,16. Er enthält weitere Anweisungen für die Feier des Passah und das Fest der ungesäuerten Brote. Die Anweisung für das Passah Exodus 12,43-51 ist besonders interessant. Sie regelt die Frage, ob Fremde, das heißt Nichtisraeliten, an diesem so zentralen Fest teilnehmen dürfen. Zunächst gilt die Ordnung: »*Kein Fremder darf davon essen*« (Ex 12,43) Dass nichtisraelitische Sklaven und andere zugezogene Fremde, »*Beisassen und Tagelöhner*«, also offenbar eine Art Fremdarbeiter, die sich in Israel aufhielten, erwähnt sind, zeigt deutlich, dass diese Anweisung aus einer Zeit stammt, in der es solche Zugewanderte in Israel gab. Und vor allem sind die Anweisungen an die Adresse jener Juden adressiert, die gar nicht im Land Israel, sondern in der Diaspora leben, in unmittelbarer Nachbarschaft mit der nicht-israelitischen Bevölkerung. Seit dem babylonischen Exil lebte ein großer Teil der jüdischen Bevölkerung auf Dauer im Ausland, in der Diaspora, sei es weiterhin in der Umgebung des einstigen Babylon, sei es im ägyptischen Alexandria und in allen größeren Orten der alten Welt zur Zeit des Hellenismus und später im Römischen Reich. Zwischen jüdischen und »heidnischen« Familien kam es zu guter Nachbarschaft, oft zu Freundschaft. Sollten nun solche Nachbarn vom Mitfeiern des Passah ausgeschlossen sein? »*Kein Fremder darf davon essen.*« Doch wird dieses Verbot jetzt relativiert. Nun heißt es: »*Kein Unbeschnittener darf davon essen*« (Ex 12,48). Die Beschneidung der männlichen Israeliten war und ist das Zeichen des Bundes zwischen Israel und seinem Gott, das »entscheidende Bekenntniszeichen für den exklusiven Bund [...], den JHWH mit Abraham und allen seinen Nachkommen geschlossen hatte« (Albertz 2012, 218, vgl. Gen 17,9 ff.). Die Beschneidung hat also eine ähnliche Bedeutung wie die christliche Taufe. Die aus der Zeit nach dem babylonischen Exil hinzugefügte Anweisung von Exodus 12,43-51 öffnet nun diesen Bund unter bestimmten Bedingungen auch für Nichtisraeliten. Die Bedingung: Wenn einer an der Passahfeier teilnehmen will, muss er sich beschneiden lassen und sich dadurch zum Bund Gottes mit Israel bekennen. Die Absicht, die hinter dieser Anweisung steht, beschreibt Rainer Albertz: »Das Mahl, mit dem sich Israel dankbar an seine Befreiung aus der ägyptischen Sklaverei erinnerte, sollte Sklaven und Fremde nicht grundsätzlich ausschließen. Auch der angekaufte Sklave, sofern er zu einer israelitischen Familie gehörte, auch der Fremde aus der Nachbarschaft, sofern er sich beschneiden ließ, sollte mitfeiern und sich mitfreuen dürfen [...] Als Mahl der Befreiung durfte das Passah einfach nicht sozial diskriminierend oder fremdenfeindlich sein« (Albertz 2012, 219). In diesem Sinn versteht es auch Benno Jacob (auch wenn für ihn der Abschnitt 12,43 bis 13,16 natürlich kein späterer Zusatz ist): »Die Freiheit, die sie erlangt haben, nachdem sie selber Fremde und Knechte gewesen waren, bedingt Humanität gegen Fremde und Abhängige, die sich künftig in ihrer Mitte befinden werden« (Jakob, 366).

DER WEG ZUR FREIHEIT FÜHRT DURCH DAS MEER ...

Nach diesen Anweisungen für das Passah und das Fest der ungesäuerten Brote kann nun die Exoduserzählung ihren Fortgang nehmen: Exodus 13,17 ff. Der Pharao hat die Israeliten ziehen lassen, und der Zug bewegt sich ostwärts in Richtung des verheißenen Landes, in Richtung Kanaan. Doch nehmen sie nicht den direkten Weg der Mittelmeerküste entlang, denn dort wären sie allenfalls aus Furcht, in kriegerische Auseinandersetzungen mit den Philistern zu geraten, nach Ägypten zurückgekehrt. Deshalb lässt Gott sie Umwege machen, ostwärts Richtung Wüste, »den Wüstenweg zum Schilfmeer«. Hier wird nebenbei erwähnt, dass Mose die Gebeine Josefs mit sich nahm (Ex 13,19). Die letzten Sätze des Buchs Genesis lauten: »*Und Josef ließ die Söhne Israels schwören, und sprach: Wenn Gott sich euer annehmen wird, dann führt meine Gebeine von hier [das heißt: aus Ägypten] mit hinauf. Und Josef starb, hundertzehn Jahre alt. Und sie balsamierten ihn ein, und er wurde in Ägypten in einen Sarg gelegt«* (Gen 50,25 f.). Am Schluss des Buches Josua liest man dann, die Israeliten, nachdem sie sich in Kanaan festgesetzt hatten, hätten die Gebeine Josefs in Schechem begraben (Jos 24,32). Auf diese Weise sind die Mosebücher miteinander und mit dem Buch Josua verknüpft.

Exodus 13,21 f. werden erstmals die Wolken und das Feuer erwähnt, die von nun an den Zug der Israeliten durch die Wüste begleiten und führen werden:

Ex 13,21-22 *»Der HERR aber ging vor ihnen her, am Tag in einer Wolkensäule, um sie den Weg zu führen, und bei Nacht in einer Feuersäule, um ihnen zu leuchten, sodass sie Tag und Nacht gehen konnten. Nie wich am Tag die Wolkensäule noch bei Nacht die Feuersäule von der Spitze des Volks.«*

Für Benno Jacob sind die Wolken- und die Feuersäule »symbolische Darstellung einer religiösen Wahrheit«. »Für die menschlichen Sinne [...] muss Gott immer irgendwie vermittelt werden, und für die Wanderungen Israels durch die Zeiten und Wüsten konnte kein erhabeneres und leuchtenderes Symbol gedacht werden, auch kein rationaleres, denn Wolke und Feuer sind als Bewegtes dem Lebendigen, dem Geist und der *ruach* [hebr. Gottes Geist] am ähnlichsten« (Jacob, 397).

Unterdessen reut es den Pharao, dass er die Israeliten hat ziehen lassen; sein Herz hat sich wieder verhärtet. Wieder heißt es, Gott habe sein Herz verhärtet, um den Ägyptern nun erst recht seine überlegene Macht beweisen zu können. Der Pharao mobilisiert seine Streitwagen und seine Krieger und jagt den Israeliten nach. Als diese die geballte Streitmacht schon hinter sich und das Meer vor sich sehen, geraten sie in große Furcht und beklagen sich bei Mose:

»*Was hast du uns angetan, indem du uns aus Ägypten herausgeführt hast? Haben wir dir nicht schon in Ägypten gesagt: Lass uns in Ruhe, wir wollen Ägypten dienen, denn es ist besser für uns, Ägypten zu dienen, als in der Wüste zu sterben.*« **Ex 14,11-12**

Und so kommt es zur finalen Auseinandersetzung zwischen dem Unterdrücker Pharao und seiner Armee und dem Gott Israels, dem Befreier. Auf Geheiß Gottes hebt Mose seinen Stab empor und streckt seine Hand über das Meer, und dieses spaltet sich, sodass die Israeliten trockenen Fusses hindurchgehen können. Im Text Exodus 14,15 ff. sind wahrscheinlich zwei verschiedene Erzähltraditionen miteinander verbunden. Nach der einen lässt Gott einen starken Ostwind wehen, der das Meer vorübergehend trockenlegt; nach der andern spalten sich die Wasser auf wundersame Weise und bilden auf beiden Seiten eine Mauer, sodass die Israeliten wie durch eine Gasse durch das Meer gehen können.

Es ist nicht klar, um welches Meer es sich gehandelt haben könnte. Man hat an das Rote Meer gedacht, an seine nördlichen Ausläufer, den Golf von Suez und den Golf von Akaba. Doch könnte es sich auch um einen Binnensee handeln, zum Beispiel um den Sirbonischen See, der nahe an der Mittelmeerküste liegt. Zwischen dem Roten Meer und dem Mittelmeer gab und gibt es auch heute mehrere solche Binnenseen. Doch auch hier ist es letztlich müßig zu fragen, an welchem See oder Meer sich der wunderbare Durchzug der Israeliten und der Untergang Pharaos und seiner Streitmacht ereignet haben. Nicht ein historisches Faktum wird erzählt, sondern eine »Gedächtnisgeschichte«, eine Vergegenwärtigungsgeschichte. Sie sagt in der Form einer sagenhaften Erzählung, wie Gott sein Volk in auswegloser Situation rettet, ihm einen Weg bahnt, es durch Flut und Meer sicher hindurchführt.

Und wieder stellt sich die Frage nach der Gewalt, die von diesem Gott ausgeht. Damit Israel gerettet wird, muss die Armee des Pharao in den zurückströmenden Fluten ertrinken und vernichtet werden. Ihr Untergang ist die dunkle Kehrseite der Errettung Israels. Eine hochgerüstete Armee ist im Begriff, über wehrlose, fliehende Menschen, Männer, Frauen, Kinder herzufallen. Soll Israel gerettet werden, müssen die Verfolger ertrinken. Der schönste Kommentar dazu findet sich in einem Midrasch des Babylonischen Talmud. Dort heißt es: »In dieser Stunde [des Untergangs der Ägypter] wollten die dienenden Engel vor Gott ein Loblied anstimmen. Gott aber wies sie zurecht und sagte: Das Werk meiner Hände ertrinkt im Meer und ihr wollt mir ein Loblied singen?« (Sanhedrin 39b)

Den Mose und seine Schwester Mirjam aber weist Gott nicht zurecht, wenn sie ihm nun ihr Loblied singen.

Die Engel waren am Geschehen nicht aktiv beteiligt, sie waren nur Zuschauer. Mose und Mirjam haben als Gerettete Grund zum Singen. Ihre Lieder sind in Exodus 15,1-21 enthalten und bilden den Abschluss der Schilfmeererzählung und damit auch die Vollendung der Errettung und Befreiung der Israeliten. Das ganz kurze Lied der Mirjam ist wohl das ältere:

Ex 15,20-21 *»Da nahm die Prophetin Mirjam, die Schwester Aarons, die Trommel in ihre Hand, und alle Frauen zogen hinter ihr hinaus mit Trommeln und in Reigentänzen. Und Mirjam sang ihnen vor: Singt dem HERRN, denn er hat sich hoch erhoben, Pferd und Reiter hat er ins Meer geschleudert.«*

Man wird sich Mirjam, berücksichtigt man Exodus 7,7, wonach Aaron dreiundachtzig Jahre alt war, nicht als junge, sondern als betagte Frau vorstellen. Ihr Lied ist nicht Ausdruck von Schadenfreude über den Untergang der Pferde und Reiter; es ist ein tiefes, dankbares Aufatmen über die Rettung.

Das Lied des Mose ist sehr viel länger und ist ein regelrechter Psalm, wie er auch im Buch der Psalmen stehen könnte. Auffällig an beiden Liedern ist, dass als Gottes Befreiungstat nur der Durchgang der Israeliten und der Untergang der Ägypter im Meer erwähnt und gepriesen wird. Die Plagen, auch der Tod der ägyptischen Erstgeborenen, werden nicht erwähnt. Das kann darauf hindeuten, dass es sich beim Schilfmeerwunder um eine eigenständige alte Überlieferung handelt, die erst später mit der Erzählung der zehn Plagen verbunden wurde. Das Motiv spielt auch in manchen anderen Texten des Alten Testaments eine wichtige Rolle, so etwa in den Psalmen 77,16-21 und 114,1-5. In den Psalmen 78 und 106 ist die Erinnerung an das Exodusgeschehen und im Besonderen das Schilfmeerwunder breit entfaltet. Während des babylonischen Exils verkündet der unbekannte Prophet: »*So spricht der HERR, der einen Weg bahnt im Meer und einen Pfad in mächtigen Wassern, der Wagen und Pferde ausziehen lässt, Heer und Stärke, gemeinsam liegen sie da, nie mehr stehen sie auf, sind ausgelöscht, verloschen wie ein Docht*« (Jes 43,16-17). Und Gott wird gepriesen mit den Worten: »*Bist nicht du es, der das Meer versiegen ließ, das Wasser der gewaltigen Urflut, der die Tiefen des Meeres gangbar machte, damit die Erlösten hindurchziehen konnten. Und die Befreiten des HERRN werden zurückkehren und nach Zion kommen unter Jubel«* (Jes 51,10-11). Diese Worte in den Psalmen und bei Jesaja zeigen erstens, dass das Schilfmeerwunder offenbar eine eigenständige, lebendig gebliebene Erinnerung war und in dieser Erinnerung eine wichtigere Rolle spielte als etwa die Plagen. Es zeigt zweitens, wie gerade in Zeiten, als Israel Deportation, Exil und Unterdrückung erlebte, die Exodustradition zur »Gedächtnisgeschichte« wurde, zum Beispiel *par excellence* für die Befreiung aus Gefangenschaft und Fremdbeherrschung und so zur Hoffnungsperspektive. Die eigene Gegenwart und die erinnerte Vergangenheit verschmolzen ineinander, die eigene Gegenwart wurde im Licht der erinnerten Vergangenheit gedeutet. Der Durchgang durch das Meer ist ja schließlich eine starke Metapher für Menschen, für die sich in einer ausweglosen Situation, angesichts einer tödlichen Bedrohung auf einmal ein Weg öffnet, auf dem sie gerettet werden.

Das Moselied ist ein kriegerisches Lied. Es bleibt uns fremd, selbst dann, wenn man daran denkt, dass es von denen angestimmt ist, die gerade der Vernichtung entronnen sind und dem Gott, der sie – auf Kosten ihrer Verfolger – hat entrinnen lassen, nun ein Lob- und Danklied singen. Die größte Mühe macht uns friedensbewussten Leuten – die ja die Situation tödlicher Bedrohung nicht aus eigener Erfahrung kennen – der Vers Ex 15,3: »*Der HERR ist ein Krieger. HERR ist sein Name*«, JHWH ist ein »Kriegsmann«, ein *warlord*. Aber: »JHWHs kriegerische Aktivitäten richteten sich also gegen die stolzen menschlichen Waffen, die gegen wehrlose Flüchtlinge eingesetzt wurden« (Albertz 2012, 249).

Offenbar hatten bereits die jüdischen Gelehrten, die im ägyptischen Alexandria im dritten und zweiten Jahrhundert v. Chr. die hebräische Bibel ins Griechische übersetzten, Hemmungen mit diesem Vers. Denn sie übersetzten: »*Der HERR zerschlägt die Kriege – kyrios syntribon polemous.*« Ob sie sich bei dieser nicht ganz wortgetreuen Übersetzung zum Beispiel von Psalm 46,10 haben inspirieren lassen, wo es von Gott heißt, dass er den Kriegen Einhalt gebietet bis ans Ende der Erde, Bogen zerbricht, Spieße zerschlägt und Streitwagen im Feuer verbrennt? Oder gar von der Friedensvision des Propheten Jesaja: »*Und er [JHWH] wird für Recht sorgen zwi-*

schen den Nationen und vielen Völkern Recht sprechen. Dann werden sie ihre Schwerter zu Pflugscharen schmieden und ihre Speere zu Winzermessern. Keine Nation wird gegen eine andere das Schwert erheben, und das Kriegshandwerk werden sie nicht mehr lernen« (Jes 2,4).

»*Der HERR ist ein Kriegsmann*« ist nun wirklich nicht ein entscheidender biblischer Glaubenssatz. Man muss ihn und das ganze Moselied einordnen und verstehen in der Situation der durch das Schilfmeer hindurch vor der Vernichtung Geretteten. Wenn ihn später »christliche« Nationen für sich in Anspruch nahmen, wenn sie sich gegenseitig bekämpften, ist er aufs Schlimmste missbraucht worden.

… UND DURCH DIE WÜSTE

Nun sind die Israeliten der Gefahr entronnen und vor der Verfolgung gerettet. Ägypten liegt hinter ihnen. Sie sind in der Wüste. Alles, was das Buch Exodus nun erzählt, spielt sich in der Wüste ab. Noch viel ausführlicher und detaillierter macht das Buch Numeri, das vierte Buch Mose, den Aufenthalt in der Wüste zum Thema; es trägt in der hebräischen Bibel ja auch den Namen *d^{e}barim*, »in der Wüste«. Als erstes haben die Israeliten Durst. Während drei Tagen suchen sie Wasser und finden keines. Dazu bemerkt Rainer Albertz, die hebräischen Fronarbeiter hätten sich in der Wüste nicht ausgekannt; »sie waren keine Nomaden. Die hätten die Wasserstellen besser gekannt!« (Albertz 2012, 253). Endlich kommen sie zu einer Oase namens Mara, wo sie auf eine Quelle stoßen, deren Wasser aber ungenießbar ist. Und nun beginnen sie sich gegen Mose aufzulehnen; sie »murren«; und das werden sie von nun an immer wieder tun. Gott zeigt dem Mose ein Holz, das dieser ins Wasser wirft, worauf das Wasser geheilt wird. In diesem Zusammenhang findet sich ein Wort, das sonst in der Bibel nicht vorkommt:

»Ich, der HERR, bin dein Arzt.« **Ex 15,26**

Dann werden die Israeliten nicht nur von Durst, sondern auch von Hunger geplagt. Wieder murren sie gegen Mose und Aaron. Sie sehnen sich zurück nach den »Fleischtöpfen Ägyptens«:

Ex 16,3 *»Wären wir doch durch die Hand des HERRN im Land Ägypten gestorben, als wir an den Fleischtöpfen saßen, als wir uns sattessen konnten am Brot. Ihr aber habt uns in diese Wüste herausgeführt, um diese ganze Gemeinde den Hungertod sterben zu lassen.«*

Dass sie unter der Last der Fronarbeit und den Peitschenhieben der Aufseher geseufzt und geschrien haben, dass ihre Knaben durch den Tötungsbefehl des Pharao bedroht waren, vergessen sie. Die ihnen geschenkte Freiheit empfinden sie als Mangel und Last. In Martin Bubers »Erzählungen der Chassidim« hört man Rabbi Chanoch sagen: »Das eigentliche Exil Israels in Ägypten war, dass sie es ertragen gelernt haben« (Buber, 838). »It is easier to get the people out of Egypt than to get Egypt out of the people« (an African American proverb, zit. bei Ched Myers, Who will roll away the Stone, 1994, S. XXVII).

Damals, als sie noch in Ägypten waren, haben sie die Unterdrückung nicht ertragen; hinterher aber in der Wüste, angesichts von Hunger und Durst, kommt sie ihnen erträglich vor. Die Vergangenheit in der Sklaverei verklärt sich; von »Fleischtöpfen« reden sie, dabei haben sie nicht im Luxus gelebt. »Die Sicherheit der Knechtschaft erscheint paradiesisch gegenüber der Unsicherheit der Wüste. Damals hatte man wenigstens sein täglich Brot, ja man meint sich an Fleischtöpfe zu erinnern« (Ebach 1986, 132). Freiheit kann Unsicherheit, Verzicht und Entbehrung bedeuten; Freiheit kann anstrengend sein. Der Weg zur Freiheit und in das verheißene Land führt durch die Wüste. Es ist kein bequemer und manchmal ein langer Weg. Man kann unterwegs müde werden und resignieren. Man kann aufbegehren gegen die Zumutungen und Herausforderungen, die sich einem in den Weg stellen.

Man sollte sich beim Lesen der Exoduserzählung nicht ablenken lassen durch Schilderungen von Ereignissen, die wir für unnatürlich und deshalb dann gleich auch für unglaubwürdig halten. Alle diese Schilderungen und Ereignisse bezeugen eine tiefe Wahrheit, die durch viele Erfahrungen über Jahrtausende hinweg bestätigt wird: Der Weg zur Freiheit ist kein bequemer Weg. Übrigens: Das biblische Hebräisch kennt kein Wort für »Freiheit«. Freiheit ist in der Bibel kein abstrakter Begriff, schon gar nicht ein Schlagwort oder eine ideologische Parole. Die Exodusgeschichte erzählt von Befreiung; Befreiung ist ein Vorgang, ein Prozess, ein Geschehen, das mit Konflikten, mit Mühsal, mit Kampf und Entbehrung verbunden ist.

MANNA: JEDER SO VIEL, WIE ER ZUM ESSEN BRAUCHT

Damals in Ägypten hat Gott das Elend seines Volkes gesehen und das Schreien der Israeliten über ihre Antreiber gehört. Jetzt hört er auch das unzufriedene Murren:

Ex 16,12 *»Ich habe das Murren der Israeliten gehört.«*

Er schickt ihnen Manna, »Brot vom Himmel«, und Wachteln. An sich sind Manna und Wachteln nichts Übernatürliches. Beim Manna handelt es sich wohl um eine Art von Honigtau, ein Ausscheidungssekret, das entsteht, wenn Schildläuse nachts eine Tamariskenart, die tatsächlich auf der Sinaihalbinsel wächst, anstechen, sodass der

Saft zur Erde fällt und dort zu weißlichen Klümpchen kristallisiert. An Brot, wie wir es kennen, wird man dabei nicht denken, auch wenn es »Brot vom Himmel« genannt wird: »*Brot vom Himmel, lächäm min ha'schamaim*«, kann auch einfach Nahrung heißen. Auch Wachteln kommen in der fraglichen Gegend vor und werden dort noch heute gejagt. Es sind kleine Zugvögel, die in Schwärmen fliegen und dabei rasch müde werden und deshalb dicht über der Erde fliegen und so eine leichte Beute werden. Ihre Flughöhe habe »*zwei Ellen über dem Boden*« betragen und der Wind habe sie vom Meer her herangetrieben (Num 11,31). So lassen sie sich mit Stöcken oder Netzen leicht jagen, wie das heute noch geschieht.

Manna und Wachteln kommen also auf der Sinaihalbinsel vor und sind ein natürliches Phänomen. Allerdings ist es völlig undenkbar, dass sich auf diese Weise eine große Menschenmenge – wir erinnern uns: Sechshunderttausend Männner, nicht mitgezählt Frauen und Kinder, sollen es nach Exodus 12,37 ja gewesen sein – hätte ernähren können, noch dazu während vierzig Jahren. Und nebenbei mag man sich ja auch fragen, wo die Israeliten in der Wüste denn das Holz gefunden haben, die es zum Braten der Wachteln braucht; roh werden sie sie kaum verzehrt haben. Wie in der ganzen Exoduserzählung wird man auch hier von einer Aufblähung einer alten Überlieferung, einer Erinnerung ausgehen müssen. Man hat in Israel in den Zeiten, als die Exoduserzählung ihre literarische Form angenommen hat, etwas davon gewusst, dass es in der Wüste Manna und Wachteln gibt, von denen sich Menschen eine Zeit lang ernähren können. Und da gab es vielleicht eine Erinnerung, wonach in alten Zeiten einmal eine Gruppe unter Führung des Mose aus Ägypten ausgewandert ist und sich in der Wüste unter anderem von Manna und Wachteln ernährt hat. Aus dieser Erinnerung ist später das große Manna-Wunder geworden.

Aber worin besteht eigentlich das Manna-Wunder? Wichtiger als die Frage, was das Manna nun wirklich ist, sind die Anweisungen, wie man damit umgehen soll. Dreierlei wird genannt:

– Erstens:

Ex 16,16-18 *»Sammelt davon, wie viel jeder zum Essen braucht. Ein Gomer pro Kopf sollt ihr nehmen nach der Anzahl der Personen, ein jeder für die, die zu seinem Zelt gehören.*

Und so machten es die Israeliten: Sie sammelten ein, der eine viel, der andere wenig. Als sie es aber mit dem Gomer maßen, hatte der, der viel gesammelt hatte, keinen Überschuss, und der, der wenig gesammelt hatte, keinen Mangel. Jeder hatte so viel gesammelt, wie er zum Essen brauchte.«

Ein Gomer ist ein Messbecher, der etwa zwei Liter beinhaltet.

– Das Zweite:

»Niemand hebe etwas davon bis zum Morgen auf. Sie aber hörten nicht auf Mose, und einige hoben davon bis zum Morgen auf, aber es wurde voller Würmer und stank. [...] So sammelten sie es Morgen für Morgen, jeder so viel, wie er zum Essen brauchte. Sobald aber die Sonne heiß schien, zerschmolz es.« **Ex 16,19-21**

Das Manna lässt sich nicht horten.

– Und das Dritte:
Am sechsten Tag können die Israeliten die doppelte Ration sammeln, damit sie auch am siebten Tag etwas zu essen haben. Denn am siebten Tag – es ist der Sabbat – fällt kein Manna vom Himmel. Dafür verdirbt die Ration nicht, die sie für den Sabbat aufbewahren.

Jeder so viel, wie er zum Leben braucht. Das Manna lässt sich nicht horten, und am siebten Tag fällt kein Manna vom Himmel – was kann das bedeuten über das hier Erzählte hinaus? Jürgen Ebach hat in einem Aufsatz über das Mannawunder nachgedacht. »Jeder nach seinem Essbedarf« (so die Übersetzung von Martin Buber), schreibt Ebach, »enthält eine Auffassung von Gerechtigkeit, die nicht an formaler Gleichheit, sondern daran ausgerichtet ist, dass gleichermaßen jeder erhält, wessen er bedarf«. Jeder soll genug bekommen: genug im Gegensatz zum Überfluss, und genug im Gegensatz zum Mangel. Ebach weist darauf hin, dass die Grundbedeutung der Sprachwurzel *šlm* »genug haben« bedeutet. Von dieser Wurzel abgeleitet ist das Wort Schalom, *šalōm*, das gemeinhin mit »Friede« übersetzt wird. »So bezeichnet *šalōm* den Frieden als einen Zustand, in dem jeder genug hat. Der Zusammenhang von

Gerechtigkeit und Friede ist deshalb bereits im Wort *šalōm* gesetzt, zugleich, dass es zwischen denen, die genug haben, und denen, die nicht genug haben, keinen *šalōm* geben kann« (Ebach 1986, 140).

Jürgen Ebach fragt, »was in der Manna-Geschichte das Wunder sei. Gegenüber der häufig vorausgesetzten Vorstellung, dass Wunder gänzlich unerklärliche naturdurchbrechende Ereignisse seien, kehrt sich die Fragestellung um. [...] Die Frage lautet demnach nicht: *Was* ist hier das Wunder?, sondern: *Warum* kann das, was das Allereinfachste wäre, nur in Form einer Wundergeschichte erzählt werden? Wie fast alle biblischen Wundergeschichten ist auch diese eine Protestgeschichte. Sie protestiert gegen die Verhältnisse, in denen so nicht geteilt und so nicht alle bedacht sind.« Es sind »nicht die Naturgesetze, die hier durchbrochen werden, sondern andere ›Gewalten‹, die der Ökonomie, der Konvention, der politischen Macht« (Ebach 1986, 141). Genau darum geht es, um einen kleinen Blick in das Neue Testament zu werfen, auch in der Erzählung von der »wunderbaren« Brotvermehrung (Mk 6,30-44); sie ist sozusagen das neutestamentliche Gegenstück zum »Mannawunder«.

Zur zweiten Eigenschaft des Manna, dass es sich nicht horten lässt, bemerkt Ebach: »Das Manna lässt sich nicht zur *Ware* machen. Anders formuliert: Selbst die Gabe Gottes wird ›stinkend‹, wenn sie zur Ware verkommt. [...] Wo das Sein in Haben umschlägt, wird auch das Manna ›stinkend‹. [...] Das Wort Gottes ist nicht gefeit vor dem Umschlagen in Lüge, in Ideologie« (Ebach 1986, 142).

Ich füge hinzu: Wenn man die Geschichten und Worte der Bibel fundamentalistisch, wenn man sie buchstäblich versteht, wenn man, um gerade das Beispiel des Exodus zu nehmen, das in der Bibel Berichtete wortwörtlich nimmt, als historisch gesicherte Realität, selbst die Angabe von den sechshunderttausend Männern, dann werden die Worte und Geschichten ›faul‹. So wie das Manna madig wird, wenn man es hortet, statt es zu essen und zu verdauen, so wird das Wort Gottes ungenießbar, wenn man es sich nicht mit Herz und Verstand aneignet und »verdaut« und es so in Beziehung bringt mit der eigenen Lebenswirklichkeit.

Dass man das Manna nicht horten soll, nicht horten kann, das zeigt auch seine Eigenschaft, am sechsten Tag in doppelter Menge vom Himmel zu fallen, am siebten

Tag aber auszubleiben. Denn am Sabbat sollen die Israeliten nicht sammeln, also nicht arbeiten; am Tag zuvor mussten sie sich ja besonders anstrengen. »Der Sabbat bezeichnet die Ruhe, die die Arbeit vollendet, nicht die Ruhe als Alternative zur Arbeit« (Ebach 1986, 143).

In der Fassung des Dekalogs im Deuteronomium wird die Sabbatruhe explizit mit dem Exodus begründet: Am Sabbat soll Israel sich vergegenwärtigen, dass es aus der Sklaverei der Fronarbeit befreit wurde (Dtn 5,12-15). Der Sabbat will nicht von der Arbeit befreien, aber er will von der Sklaverei der Arbeit befreien. Sie soll nicht unser ganzes Leben beherrschen; sie ist nicht unser ganzer Lebensinhalt und Lebenssinn. Die Mannageschichte hat es schon in sich, wenn man sie hinterfragt, danach sucht, welche Wahrheiten sich hinter dem Erzählten verbergen.

AMALEK

In Kapitel 17 erfährt man zunächst, wie das Volk wieder aufbegehrt, weil es in der Wüste kein Wasser findet und Durst hat. Wieder macht es Mose schwere Vorwürfe, dass er es aus Ägypten herausgeführt hat und nun in der Wüste verdursten lässt. Beinahe kommt es zur offenen Rebellion.

Ex 17,4 *»Da schrie Mose zum HERRN und sprach: Was soll ich machen mit diesem Volk? Nur wenig fehlt, und sie steinigen mich.«*

Gott weist Mose an, zusammen mit einigen der Ältesten Israels zu einem Felsen am Choreb zu gehen; dort werde er auf ihn warten und Mose solle mit seinem Stab auf den Felsen schlagen, und es werde Wasser aus ihm herausquellen. Seltsamerweise wird an dieser Stelle der Berg, der sonst im Exodusbuch Sinai heißt, Choreb genannt, so wie es dann im Buch Deuteromium der Fall ist. Das zeigt erneut, wie das Buch Exodus aus mehreren

Traditionsstücken aus verschiedenen Zeiten redaktionell zusammengesetzt worden ist.

Gefährden die Israeliten durch ihr Murren und den verklärenden Rückblick auf Ägypten ihre Befreiung, so sind es in der folgenden Episode äußere Feinde, die Amalekiter, die sie angreifen und in ihrer Existenz bedrohen. Wer die Amalekiter historisch waren, ist nicht sicher auszumachen. Der Name Amalek ist nur in der hebräischen Bibel bezeugt. Im Alten Testament (Dtn, 1Sam und 2Sam, Ri) gelten die Amalekiter als die Erzfeinde Israels schlechthin. In seiner großen im Buch Deuteronomium überlieferten Rede schärft Mose den Israeliten ein – und er bezieht sich dabei auf die in Exodus 17 erzählte Episode:

»Denke daran, was dir die Amalekiter angetan haben auf dem Weg, als ihr ausgezogen seid aus Ägypten, wie sie dir entgegengetreten sind und, ohne Gott zu fürchten, alle geschlagen haben, die vor Schwäche hinter dir zurückblieben, als du müde und matt warst. Wenn der HERR, dein Gott, dir Ruhe verschafft vor Dtn 25,17-19

allen deinen Feinden ringsum, in dem Land, das dir der HERR, dein Gott, zum Erbbesitz gibt, sollst du das Andenken der Amalekiter unter dem Himmel austilgen, vergiss das nicht!«

Diese Erzfeindschaft hat sich dann, als Israel in Kanaan ansässig geworden war, fortgesetzt. Auf Exodus 17 bezieht sich auch die Erzählung vom Krieg König Sauls gegen die Amalekiter. Saul soll diesen Krieg auf Befehl Gottes führen.

1Sam 15,2-3 *»So spricht der HERR der Heerscharen: Ich ahnde, was Amalek Israel angetan hat: dass es ihm in den Weg trat, als es aus Ägypten heraufzog. Nun geh und schlage Amalek. Und alles, was ihm gehört, sollt ihr der Vernichtung weihen, und nichts sollst du verschonen, sondern du sollst Mann und Frau, Kind und Säugling, Rind und Schaf, Kamel und Esel töten.«*

»Jetzt, da Israel erstarkt und unter einem König geeint ist, scheint der Zeitpunkt gekommen, diesen Ur-Feind des Gottesvolkes – mehr Chiffre denn Realität – zu beseitigen« (Dietrich 1997, 41). Ein regelrechter Bann, die totale Vernichtung Amaleks wird von Gott verfügt. Weil Saul dem Befehl nicht völlig nachkommt – er vernichtet zwar die Amalekiter, verschont aber deren König und die wertvollen Rinder und Schafe –, wird er zur Strafe von Gott verworfen.

Es ist eine grausame Geschichte, umso mehr als diese Untat als Befehl Gottes dargestellt wird. Walter Dietrich bemerkt dazu: »Es ist hier nicht mehr das konkrete Nachbarvolk der Amalekiter im Blick – das gab es zu der Zeit, als 1. Samuel 15 ausgestaltet wurde, kaum noch –, sondern das Anti-Gottesvolk, um nicht zu sagen: die Gewalt des Bösen schlechthin, die unbedingt gebrochen werden muss. Gewiss bringt die Präsenz eines solchen Textes in der Bibel Probleme und Gefahren; ihn aber von der grundsätzlich-theologischen Ebene auf die real-militärische zu transportieren und dann etwa zur Ausmalung von Genozidphantasien oder zur Begründung antijüdischer Vorurteile zu benutzen, hieße ihn schwer missbrauchen« (Dietrich 1997, 298).

Bei den Amalekitern handelt es sich kaum um ein wirkliches, größeres Volk, sondern eher um kriegerische und räuberische Nomaden, die im Süden Kanaans, auf der Sinaihalbinsel und im heutigen Negev lebten und ihr Unwesen trieben und sich vor allem auf Kamelen fortbewegten. Von einem solchen räuberischen Überfall – historisch wohl schon ein wenig näher – liest man in 1Samuel 30: Die Amalekiter überfallen den Ort Ziklag, verwüsten ihn und verschleppen die israelitischen Frauen und Kinder als Beute, sogar die beiden Frauen Davids, Achinoam und Abigajil. David war zu dieser Zeit noch nicht König Israels, sondern nur Stadtkönig von Ziklag und eine Art verwegener Freischärler. Er verfolgt mit vierhundert Gesellen die Amalekiter, schlägt sie – nur vierhundert jungen Männern sei die Flucht auf ihren Kamelen geglückt – und holt die Verschleppten zurück. Von Bann, von der Vernichtung eines ganzen Volks ist hier keine Rede.

Den Sieg Israels über Amalek bezeugt aber bereits die kurze Erzählung Exodus 17,8 ff., auf der dann das Bild von Amalek als dem Ur-Feind Israels gründete. Mose setzt Josua zum Anführer der Verteidiger ein; der Name Josua, der der Nachfolger des Mose werden sollte, erscheint hier erstmals. Während Josua mit seinen Leuten gegen die Amalekiter kämpft, steigt Mose mit seinem Gottesstab zusammen mit Aaron und einem weiteren Vertrauten namens Hur auf einen Hügel und hebt seine Hand in die Höhe.

> *»Solange nun Mose seine Hand hochhielt, hatte Israel die Oberhand, sooft er aber seine Hand sinken ließ, hatte Amalek die Oberhand. Und als Moses Hände schwer wurden, nahmen sie einen Stein und legten diesen unter ihn, und er setzte sich darauf. Aaron und Hur aber stützten seine Hände, der eine auf dieser, der andere auf jener Seite. So blieben seine Hände fest, bis die Sonne unterging. Und Josua besiegte Amalek und sein Kriegsvolk mit der Schärfe des Schwertes.«* **Ex 17,11-13**

Man hat die ausgestreckten Hände des Mose zumeist als eine Gebetsgeste verstanden; doch ist es wohl eher als ein magischer Ritus zu verstehen, wie er im Alten Orient auch sonst bezeugt ist (vgl. Albertz 2012, 292).

Das Bild von den Amalekitern als dem zeitlosen Ur-Feind Israels, als »Gedächtnisgeschichte«, konnte in neuer Zeit seltsame Blüten treiben. So wurden Personen oder Gruppen, die sich durch besondere Feindschaft gegen Israel hervorgetan haben, den Amalekitern zugeordnet. Diese Vorstellung konnte auch zu abstrusen Konstruktionen führen, etwa wenn sich ein Rabbi Joseph Chaim Sonnenfeld 1898 weigerte, Kaiser Wilhelm II. bei seinem Palästinabesuch zu begrüßen, da die Deutschen von den Amalekitern abstammten. Ein Rabbi Moshe Ben-Tzion Ishbezari bezeichnete 1974 die Palästinenser als Volk als Amalekiter, und 1980 nannten Rabbiner aus Pikuach Nefesh Jassir Arafat nach seinem Tod den »Amalek unserer Generation« und schlugen vor, seinen Todestag als Freudentag zu feiern. Rabbiner Joseph Ber Soloveitchik (1903-1993), eine der großen Führungspersönlichkeiten des amerikanischen Judentums und jüdischer Philosoph, hat geschrieben, jede Nation, die proklamiert, dass ihre Politik aus der Vertilgung des jüdischen Volks bestehe, sei Amalek.

DER WEISE RAT DES JITRO

Anders als in Exodus 17,8 ff., in dem Amalek als der die Zeiten überdauernde Erzfeind Israels dargestellt wird, geht es in Exodus 18 ausgesprochen friedlich zu. Das Kapitel bildet die Mitte des Exodusbuchs und hat in dessen Gefüge eine wichtige Funktion, es ist ein Scharnier, das die beiden Teile des Buches miteinander verbindet.

Jitro, der midianitische Priester, der Schwiegervater des Mose, tritt wieder auf. Die Leser und Leserinnen sind ihm bereits in Exodus 4,18 begegnet, als Mose bei ihm auf seiner Flucht vor Pharao Unterkunft fand und seine Tochter Zippora heiratete. Nun, da Mose mit den befreiten Israeliten wieder in der Nähe ist, in der Wüste, wo er sich am Gottesberg Sinai aufhält, beehrt ihn Jitro mit seinem Besuch. Er nimmt auch Zippora und die beiden Söhne des Mose mit. Nach Exodus 4,20 hatte Mose seine Familie damals bei seiner Rückkehr nach Ägypten mitgenommen. Dass er sie dann aber, wohl um sie vor der Bedrohung durch den Pharao zu schützen, nach Midian zu ihrem Vater und Großvater zurückschickte, hat man bisher nicht erfahren. Der Grund des Besuchs war, dass Jitro von den Vorgängen rund um die Befreiung der Israeliten gehört hatte und nun aus erster Hand Näheres darüber erfahren wollte. Anschaulich und schön ist die Begegnung erzählt:

Ex 18,7 *»Da ging Mose hinaus, seinem Schwiegervater entgegen, und warf sich nieder und küsste ihn, und sie fragten einander nach ihrem Wohlergehen, dann gingen sie ins Zelt.«*

An die Adresse der Verfasser dieser Erzählung bemerkt Rainer Albertz mit einem Augenzwinkern: »Das ist nun wiederum typisch für Theologen! Frau und Kinder sind vergessen, wenn es um die großen theologischen Fragen geht« (Albertz 2012, 305).

Mose erzählt nun seinem Schwiegervater ausführlich, was sich ereignet hat.

Ex 18,9-11 *»Da freute sich Jitro über all das Gute, das der HERR (JHWH) für Israel getan hatte [...] und sprach: Geprie-*

sen sei der HERR, der euch aus der Hand Ägyptens und aus der Hand Pharaos gerettet hat. Nun weiß ich, dass JHWH größer ist als alle Götter.«

Wir haben uns ja bereits zuvor mit der Möglichkeit, ja Wahrscheinlichkeit vertraut gemacht, dass der midianitische Priester einen Gott namens JHWH verehrt hat und dass Mose in Midian erkannt hat, dass der Gott seiner Väter, der Gott Abrahams, Isaaks und Jakobs, kein anderer ist als dieser JHWH. Und nun freut sich Jitro, dass sich sein Gott durch das Große, das er für Israel getan hat, als größer als alle Götter erwiesen hat. Und so können sie denn auch zusammen mit Aaron und den Ältesten Israels miteinander ein Brandopfer und Schlachtopfer für ihren offenbar gemeinsamen Gott halten.

Geht es bis dahin bei der Begegnung zwischen Jitro und Mose zunächst um eine dankbare Rückschau auf das, was Gott bewirkt hat und was im Buch Exodus bisher erzählt ist, so richtet sich der Blick jetzt nach vorne, auf das Kommende. Am folgenden Tag wird Jitro Zeuge, wie Mose sich hinsetzt, um für das Volk Recht zu sprechen.

Ex 18,13-14 *»Und das Volk trat vor Mose vom Morgen bis zum Abend. Der Schwiegervater des Mose aber sah, was er alles für das Volk zu tun hatte, und sprach: Was tust du da für das Volk? Warum sitzt du allein da, während das ganze Volk vor dir steht, vom Morgen bis zum Abend?«*

Mose erklärt dem Schwiegervater, dass er so viel zu tun hat, vom Morgen bis zum Abend, weil die vielen Leute kommen, um sich von ihm Recht sprechen zu lassen.

Ex 18,16 *»Wenn sie eine Rechtssache haben, dann kommt sie vor mich, und ich entscheide zwischen den Parteien und verkünde die Satzungen Gottes und seine Weisungen.«*

Zweierlei Aufgaben also hat Mose zu erfüllen: Einerseits hat er eine richterliche Funktion; er amtiert als Schiedsrichter bei allen Konflikten. Andererseits ist er der Lehrer und Verkünder des Gesetzes Gottes, der Tora. Damit wird hier bereits das große Thema des zweiten

Teils des Exodusbuchs angesprochen: die Verkündigung der Tora am Sinai und deren Auslegung.

»Da sprach der Schwiegervater des Mose zu ihm: Es ist nicht gut, was du da tust. Du bist völlig erschöpft, du und auch das Volk, das bei dir ist, denn die Aufgabe ist zu schwer für dich, du kannst sie nicht allein erfüllen. Höre auf mich, ich will dir einen Rat geben, und Gott möge mit dir sein.« Ex 18,17-19

Jitro rät seinem Schwiegersohn, die Funktionen seines Amtes aufzuteilen. Die Verkündung der Tora soll seine Hauptaufgabe bleiben, die ihm niemand abnehmen kann:

»Schärfe ihnen die Satzungen und Weisungen ein und zeige ihnen den Weg, auf dem sie gehen, und die Werke, die sie tun sollen.« Ex 18,20

Das ist genau die Aufgabe, die Mose dann nach der Gottesoffenbarung am Sinai übernehmen wird. Den anderen Amtsbereich hingegen, die Funktion als Schiedsrichter in Konfliktfällen, soll Mose delegieren. Dazu solle er aus dem ganzen Volk »tüchtige, gottesfürchtige Männer« auswählen, »zuverlässige Männer, die unlauteren Gewinn hassen« – Korruption soll also verhindert werden; es sei heutigen Politikern und Beamten ins Stammbuch geschrieben!

Für die Rechtsprechung schlägt Jitro ein abgestuftes Verfahren vor, eine Stufenleiter über mehrere Instanzen. Bei kleinen Konflikten soll ein Schiedsrichter über zehn Personen eingesetzt werden, bei größeren einer über fünfzig, hundert oder tausend – also ein wenig vergleichbar mit unseren Mediatoren, Amtsgerichten, Bezirksgerichten und dem Obergericht.

Ex 18,22-24 »*Sie sollen dem Volk jederzeit Recht sprechen; und jede große Sache sollen sie vor dich bringen, jede kleine aber selbst entscheiden. So schaffe dir Entlastung, und sie sollen mit dir tragen.*« (Mose bleibt somit die oberste Instanz, sozusagen vergleichbar mit dem Bundesgericht.) »*Wenn du das tust und Gott es dir gebietet, kannst du bestehen, und dieses ganze Volk wird in Frieden heimkehren. Und Mose hörte auf seinen Schwiegervater und tat alles, was er gesagt hatte.*«

Der midianitische Priester ist nicht nur ein gottesfürchtiger, er ist auch ein überaus kluger und weiser Mann. Was er seinem Schwiegersohn vorschlägt, ist nichts weniger als eine »Justizreform« (Albertz 2012, 312). Das Kapitel schließt mit den Worten:

»*Darauf ließ Mose seinen Schwiegervater ziehen, und* Ex 18,27
dieser ging zurück in sein Land.«

So ist dieses 18. Kapitel eine sehr geschickte Verknüpfung der beiden Teile des Exodusbuchs. Mit dem Auftreten des midianitischen Priesters Jitro wird an die Berufung des Mose erinnert. Indem Mose seinem

Schwiegervater alles berichtet, was sich seitdem ereignet hat, …

Ex 18,8 *»alles, was der HERR dem Pharao und Ägypten um Israels willen angetan, von aller Mühsal, die sie unterwegs getroffen hatte, und wie der Herr sie gerettet hatte«,*

… wird in dieser Rückschau der ganze erste Teil des Buches rekapituliert. Und nun befinden sich Mose und die Israeliten am Gottesberg Sinai (Ex 18,5). Durch die von Jitro empfohlene Entlastung des Mose und seine Konzentration auf die große Rechtsprechung und die Verkündigung der Tora ist die Verbindung geschaffen zu dem, was nun im zweiten Teil folgt: Die Offenbarung Gottes am Sinai, die Verkündigung der Zehn Gebote und des Bundesbuchs mit den Weisungen der Tora für das Leben, das Gedeihen und die Bewahrung der geschenkten Freiheit Israels.

EIN KOMPLEXES TEXTGEFÜGE

Der **zweite Teil** des Exodusbuchs setzt sich aus den folgenden Einheiten zusammen:

- Exodus 19: Ankündigung des Bundes und die Offenbarung JHWHs am Sinai
- Exodus 20, 1-17: Die Zehn Gebote
- Exodus 20,18-26: Offenbarung Gottes (Schluss) und Anweisung für den Altarbau
- Exodus 21,1-23,19: Das Bundesbuch
- Exodus 23,20-33: Ankündigung der Einnahme des verheißenen Landes
- Exodus 24: Der Bundesschluss
- Exodus 25,1-31,18: Anweisungen für die Einrichtung des Heiligtums und den Dienst der Priester
- Exodus 32: Der Abfall: Das goldene Kalb
- Exodus 33: Wie kann Gott dennoch seinem Volk nahe sein?
- Exodus 34: Die Erneuerung des Bundesschlusses
- Exodus 35-39: Weitere Anweisungen für die Ausstattung des Heiligtums und der Priester
- Exodus 40: Die Einweihung des Heiligtums

Die Kapitel 19 und 20 machen die fortlaufende Lektüre nicht leicht, weil die Redaktoren des Exodusbuchs verschiedene Überlieferungen so miteinander verknüpft haben, dass der Zusammenhang manchmal unterbrochen und gestört wird. Deshalb kann ein wenig Aufhellung der vermutlichen Textdiachronie (Literarkritik) hilfreich sein. Exodus 19,1 f. hält zunächst fest:

Ex 19,1-2 *»Am dritten Neumondstag nach dem Auszug der Israeliten aus dem Land Ägypten, an diesem Tag kamen sie in die Wüste Sinai. [...] Dort lagerte Israel dem Berg gegenüber.«*

Dann wird erzählt, wie Gott den Bund ankündigt, den er mit Israel schließen will und wie er sich nun am Sinai offenbaren wird (Ex 19,3-15). Diese Offenbarung Gottes am Sinai wird gleich anschließend erzählt. Am Morgen des dritten Tages beginnt es zu donnern und zu blitzen, eine dunkle Wolke liegt auf dem Berg und ein ohrenbetäubender Hörnerschall ertönt.

»Der Berg Sinai war ganz in Rauch gehüllt, weil der HERR im Feuer auf ihn herabgestiegen war. Und sein Rauch stieg herauf wie der Rauch des Schmelzofens, und der ganze Berg erzitterte heftig. Und der Hörnerschall wurde immer stärker. Mose redete, und Gott antwortete ihm im Donner.« **Ex 19,18-19**

Die unmittelbare Fortsetzung folgt erst in Ex 20,18-21:

»Das ganze Volk aber nahm den Donner und die Blitze wahr, den Hörnerschall und den rauchenden Berg: Das Volk nahm es wahr und sie zitterten und blieben in der Ferne stehen.« **Ex 20,18**

Dieser Zusammenhang wird aber durch die Einfügung der Zehn Gebote (Ex 20,1-17) unterbrochen.

Der Faden wird dann wieder aufgenommen in Exodus 20,22-26. Gott gibt Mose Anweisungen zum Bau eines Altars. Diesen Altar wird es brauchen, wenn Gott den Bund mit seinem Volk schließen und Israel ihn bestätigen wird (Ex 24,4). Doch bevor es zum feierlich geschlossenen Bund kommt, legt Gott dem Volk die Bundesurkunde vor mit den Anweisungen, auf die Israel sich verpflichten soll. Diese Urkunde liest man in Exodus 21,1 bis 23,19. Man nennt sie »Bundesbuch« – der Name »Bundesbuch« (*sefær habb^{e}rit*) wird ausdrücklich erwähnt (Ex 24,7). Das Bundesbuch ist, neben dem Dekalog, ein grundlegender Teil der Tora. Nach dem Ende des Bundesbuchs (Ex 23,19) würde man erwarten, dass diese Bundesurkunde dem Volk vorgelegt wird und das Volk sich auf sie verpflichtet. Aber bevor dies erzählt wird, wird der Text wieder durch ein Zwischenstück (Ex 23,20-33) unterbrochen, das den Zusammenhang stört; es bietet einen Ausblick auf den weiteren Weg Israels zum verheißenen Land; auf diesem Weg wird es von einem himmlischen Gottesboten geleitet.

In Exodus 24,1-8 kommt es endlich zum Bundesschluss. Mose …

Ex 24,3 »*verkündete dem Volk alle Worte des HERRN und alle Rechtssatzungen* [gemeint sind die Bestimmungen des

Bundesbuchs]. *Und das ganze Volk antwortete mit einer Stimme und sprach: Alle Worte, die der HERR geredet hat, wollen wir tun.«*

Dann errichtet Mose einen Altar, so wie es ihm Gott bereits aufgetragen hatte (Ex 20,24). Die Opfertiere werden geschlachtet; mit der Hälfte des Bluts wird der Altar besprengt. Mose liest dem Volk das Bundesbuch vor.

»Und sie sprachen: Alles, was der HERR geredet hat, wollen wir tun, und wir wollen darauf hören. Darauf nahm Mose das Blut und sprengte es über das Volk und sprach: Seht, das ist das Blut des Bundes, den der HERR mit euch geschlossen hat.« Ex 24,7-8

Und dann folgt, bevor all Anweisungen zum Bau des Heiligtums genannt werden, in Exodus 24,12-18 wieder ein Einschub: Gott ruft den Mose noch einmal hinauf auf den Berg. Dort werde er ihm die Steintafeln geben,

»die Weisung und das Gebot, die ich aufgeschrieben habe, um sie zu unterrichten«. Bei dieser Weisung, die Gott selbst auf Steintafeln schreiben will, handelt es sich nun aber nicht etwa um die Rechtssatzungen des Bundesbuches, sondern um die Zehn Gebote. Klarheit darüber bekommt man aber erst in Exodus 34,28, wo es ausdrücklich heißt, auf den beiden Steintafeln seien »die Worte des Bundes, die zehn Worte« geschrieben worden. Mose bleibt vierzig Tage lang auf dem Berg (Ex 24,18). Die Fortsetzung liest man dann erst Ex 31,18, wo berichtet wird, dass Gott dem Mose die beiden von ihm beschriebenen Tafeln übergab. Während diesen vierzig Tagen warteten die Israeliten auf Mose; »*wir wissen nicht, was mit ihm geschehen ist*« (Ex 32,1). Und da Mose so lange ausbleibt, errichten sie sich das goldene Kalb. Davon handelt Kapitel 32. Aber das ist eine andere Geschichte. Auf sie ist zurückzukommen.

Das Textgefüge des Buches Exodus ist kompliziert; tatsächlich ist es noch komplizierter, als es hier dargestellt ist. Und man mag sich fragen, ob man nicht in einer heutigen Bibelausgabe dieses Textgefüge mit all den Einschüben und Unterbrechungen aus verschiedenen Zeiten und verschiedenen Redaktionsvorgängen neu zusammensetzen sollte, das ganze Buch einem literarkritischen Lektorat oder einer Redaktion unterziehen, damit das, was zusammengehört, wieder zusammengefügt würde und die Leser und Leserinnen nicht durch die vielen Einschübe und Unterbrechungen verwirrt werden. Aber ein solcher Eingriff in den biblischen Text muss aus zwei Gründen unterbleiben.

Erstens zeigt uns der vorliegende Text, dass die Entstehung des Exodusbuchs eine lange Geschichte hat, in deren Verlauf der Text aufgrund verschiedener Überlieferungen redaktionell ergänzt worden ist. Das gehört zu seiner Eigenart. Gerade dadurch erfahren wir manches darüber, wie die Exodusgeschichte und die Offenbarung der Tora am Sinai von verschiedenen Generationen aufgrund ihrer jeweils eigenen Situation verstanden und gedeutet worden ist. Und das ist für unser heutiges Verstehen hilfreich.

Zweitens sind die Einsichten und Ergebnisse der Literarkritik, wie sie heute von der alttestamentlichen Wissenschaft vorgelegt werden, nicht einheitlich und unumstritten; oft sind sie plausibel und dienen dem Verstehen der Texte, aber sie bleiben letztlich hypothetisch und lassen sich nicht beweisen.

DONNER UND BLITZ, FEUER, ERDBEBEN UND HÖRNERSCHALL

Die Erzählung von der Offenbarung JHWHs auf dem Sinai in Exodus 19 mutet sehr fremdartig an. Nachdem die Israeliten auf ihrer Wüstenwanderung am Sinai angekommen sind, teilt Gott dem Mose mit, er werde in einer dichten Wolke kommen und mit ihm so reden, dass das Volk es höre. Es soll sich auf das große Geschehen vorbereiten. Die Leute sollen ihre Kleider waschen (man fragt sich, wo denn in der Wüste?) und keine Frau berühren, und sie dürfen den Berg nicht berühren, sonst riskieren sie den Tod. Es hört sich an, als wenn da ein elektrischer Zaun mit hoher, tödlicher Spannung um den Sinai gezogen würde. Am Morgen des dritten Tages beginnt es zu donnern und zu blitzen, der Berg ist von einer schweren Wolke verhüllt, und es ertönt mächtiger Hörnerschall, sodass das ganze Volk vor Furcht erzittert. Der Sinai wird in Rauch verhüllt, weil Gott im Feuer auf ihn herabsteigt, der ganze Berg wird in seinen Grundfesten erschüttert. Gott wiederholt die Warnung, das Volk, selbst die Priester dürfen auf keinen Fall zu ihm vordringen, um ihn zu sehen. An dieser Stelle haben die Redaktoren den Dekalog eingeführt, eingeleitet mit den Worten von Exodus 20,1: »*Und Gott redete alle diese Worte und sprach ...*« Mit diesem kleinen Satz wird die Verkündung der Zehn Gebote mit der Gottesoffenbarung am Sinai verknüpft. Die Redaktoren stellen es also so dar, dass der sich am Sinai in Wolken, Blitz, Donner und Hörnerschall offenbarende Gott dem Volk die Zehn Worte kundtut.

Was soll man von dieser Gottesoffenbarung, diesem seltsamen und auch etwas unheimlichen Szenario halten? Hier wird ein Gott vorgestellt, der etwas Unnahbares und Erschreckendes hat. Man kann und darf ihn nicht direkt sehen; es könnte lebensgefährlich sein. Er wird mit Naturgewalten in Verbindung gebracht, mit Donner, Blitz und Wolken und mit einem ohrenbetäubenden Hörnerschall – von Musik kann man kaum reden, eher von einem Sirenenalarm. Die Verbindung Gottes mit Naturgewalten, mit Blitz und Donner, Feuer und Erdbeben, trifft man im Alten Testament öfters, besonders in Psalmen. Religionsgeschichtlich gesehen könnte man dazu vielleicht vermuten, dass hier uralte Vorstellungen eines Wettergottes mit im Spiel sind, und natürlich auch der Glaube, dass die Elemente der Natur dem Gott, der ja ihr Schöpfer ist, zu dienen haben. Der Gott, der sich am Sinai offenbart, ist kein harmloser Gott, nicht der »Liebgott«. Er ist ein majestätischer Gott, der Gewalt und Autorität hat. Es ist der Gott, der über Leben und Tod entscheidet. Etwa in dieser Richtung lässt sich das Szenario von Ex 19,16-19 verstehen.

Ex 20, 18-19 *»Das ganze Volk aber nahm den Donner und die Blitze wahr, den Hörnerschall und die rauchenden Berge. Das Volk nahm es wahr, und sie zitterten und blieben in der Ferne stehen. Und sie sprachen zu Mose: Rede du mit uns, und wir wollen hören. Gott aber soll nicht mit uns reden, damit wir nicht sterben.«*

Die Bibel weiß etwas von der überwältigenden Macht und Herrlichkeit Gottes, die der sterbliche Mensch in einer direkten Konfrontation nicht ertragen kann. Deshalb braucht es Mittler, die die Stimme Gottes in menschliche Rede übertragen. Sie sind gewissermaßen Dolmetscher. Mose war ein solcher Vermittler, die Propheten sind es. Im Neuen Testament ist es Jesus, der nicht nur die Stimme Gottes, sondern Gottes Wesen in menschlicher Gestalt hörbar, schaubar und berührbar macht.

Man wird bei diesem Szenario an eine andere Gottesoffenbarung erinnert, von der in der Bibel erzählt wird. Von ihr liest man im 19. Kapitel des 1. Buchs der Könige. Und diese Offenbarung ereignet sich – und das ist kaum zufällig – ebenfalls am Berg Sinai, der allerdings hier Choreb heißt. Der Prophet Elija befindet sich in der Wüste auf der Flucht vor der Königin Isebel, die ihm nach dem Leben trachtet. Er ist verzweifelt und beklagt sich bitter bei seinem Gott über Israel:

»Die Israeliten haben deinen Bund verlassen, deine Altäre haben sie niedergerissen und deine Propheten haben sie mit dem Schwert umgebracht. Und ich allein bin übriggeblieben, sie aber haben danach getrachtet, mir das Leben zu nehmen. Da sprach er [Gott]: Geh hinaus und stell dich auf den Berg vor den HERRN. Und sieh – da ging der HERR vorüber. Und vor dem HERRN her kam ein großer und gewaltiger Sturmwind, der Berge zerriss und Felsen zerbrach, in dem Sturm- **1Kön 19,10-13**

wind aber war der HERR nicht. Und nach dem Sturmwind kam ein Erdbeben, in dem Erdbeben aber war der HERR nicht.
Und nach dem Erdbeben kam ein Feuer, in dem Feuer aber war der HERR nicht. Nach dem Feuer aber kam das Flüstern eines sanften Windhauchs, eine ›Stimme verschwebenden Schweigens‹ (Martin Buber). *Als Elija das hörte, verhüllte er sein Angesicht mit seinem Mantel. Dann ging er hinaus und trat an den Eingang der Höhle. Und sieh, da sprach eine Stimme zu ihm: Was tust du hier, Elija?«*

Fast könnte man vermuten, es gebe zwischen 1. Könige 19 und Exodus 19 eine geheime Korrespondenz: die Wüste, der Sinai, die Erwähnung des Bundes, entfesselte Naturgewalten, Feuer, Erdbeben, mächtiger Lärm. Doch nun offenbart sich Gott in einer »Stimme verschwebenden Schweigens«. Es geht also auch anders. JHWH ist nicht darauf angewiesen, sich durch erschreckende Naturgewalten und mächtigen Hörnerschall zu offenbaren.

DER DEKALOG, DIE ZEHN WORTE

Die gewaltige Gottesoffenbarung ist das Vorspiel für die Verkündung der Zehn Gebote, des Dekalogs. Das griechische Wort *dekálogos* bedeutet »Zehnwort«. Die Zehn Gebote gehören zu den zentralen Glaubensinhalten nicht nur Israels, sondern auch der christlichen Kirche. In den Katechismen der Reformation, dem Großen und dem Kleinen Katechismus Martin Luthers und dem Heidelberger Katechismus von 1563, der für die Reformierten wegweisend war, bilden sie eines der Hauptstücke. Luthers Kleiner Katechismus und der Heidelberger haben die protestantischen Kirchen und Christen während Jahrhunderten geprägt, nicht zuletzt, weil sie mit ihren kurzen, eingängigen Sätzen, den Fragen und Antworten das wichtigste Medium des kirchlichen Unterrichts waren. Oft mussten die Kinder die Antworten auswendig lernen und sie bei ihrer Konfirmation aufsagen. Katechismen sind größere oder kürzere Darstellungen der christlichen Lehre und sie hatten – und haben mancherorts noch heute – den Rang kirchlicher Bekenntnisse. In den evangelischen Grundschriften also spielen die Zehn Gebote eine überragende Rolle!

Der Dekalog kommt zweimal vor: in Exodus 20,1-17 und in Deuteronomium 5,6-22. Zwischen den beiden Fassungen gibt es einige Unterschiede, vor allem, was das Sabbatgebot betrifft. Wahrscheinlich ist die Fassung des Deuteronomiums die ältere. Ob die Zusammenstellung der Zehn Gebote in die Zeit vor dem Exil zurückreicht oder später erfolgte, mag offen bleiben. Das Besondere des Dekalogs gegenüber den anderen Geboten und Gesetzen der Tora besteht darin, dass Israel nur die Zehn Gebote direkt aus dem Mund Gottes, mit Gottes eigener Stimme hört! Alle anderen Gebote der Tora werden ihm durch Mose übermittelt.

Wem gelten die Zehn Gebote? Martin Luther hat in seinem Kleinen Katechismus den Dekalog mit folgendem Titel eröffnet: »Die zehen Gebot, wie sie ein Hausvater seinem Gesinde einfältiglich furhalten soll« – »einfältiglich« meint hier: auf einfache, leicht verständliche, kurze Weise; mit »Gesinde« sind die Knechte und Mägde, das »Hauspersonal« gemeint, wohl auch die Kinder. Die frühbürgerliche Auslegung Luthers ist geprägt von den Ordnungsvorstellungen seiner Zeit und berücksichtigt nicht, dass die Zehn Gebote zunächst zu Israel gesagt sind. Gerade nicht das Gesinde, nicht die Knechte und

Mägde sind die Adressaten, sondern die »Herren«, die freien Grundbesitzer, die Knechte und Mägde, Sklaven und Sklavinnen haben. Nicht unmündige Kinder werden angeredet, sondern erwachsene Söhne. Das »Du«, das im Dekalog angeredet ist, ist hier nicht nur das Volk Israel als Ganzes, sondern vor allem der Einzelne, ein Individuum, ein Mensch, der stehlen, töten oder die Ehe brechen könnte, wenn er denn wollte. Die Zehn Gebote werden also ihrem Ursprung nach nicht den Kindern und Jugendlichen eingetrichtert, sie sind zu mündigen, urteilsfähigen Personen mit gesicherter materieller Grundlage gesagt.

Aber auch ihnen werden die Gebote nicht um die Ohren gehauen. Und so kann einem denn auch die allgemein übliche Übersetzung »du sollst, du sollst nicht« nicht recht gefallen. Dieses »du sollst, du sollst nicht« hat zu der weitverbreiteten Meinung beigetragen, in der Kirche gehe es vor allem um Vorschriften und Verbote. Die Übersetzung ist zwar nicht falsch. Man sollte es aber eher mit Buber/Rosenzweig halten, die übersetzen: »*Morde nicht. Buhle nicht. Stiehl nicht. Aussage nicht gegen deinen Genossen als Lügenzeuge. Begehre nicht ...*«, oder noch besser »*Du wirst nicht morden, du wirst nicht stehlen usw.*«. Der Sinn ist doch: In Israel, das seine Existenz, seine Freiheit, sein Wohlergehen seinem Gott verdankt, mordet man nicht, bricht nicht die Ehe, stiehlt nicht usw. Das gehört sich in Israel und für einen israelitischen Bürger nicht. Solches tut man nicht in Israel. Es geht in den Zehn Geboten um die »Bewahrung der Freiheit« (so der Titel des kleinen Buchs von Frank Crüsemann von 1983).

Der Dekalog hat zwei Hauptteile. Im ersten Teil, im ersten, zweiten und dritten Gebot geht es um des Menschen Verhältnis zu Gott, in einem zweiten Teil, in den Geboten fünf bis zehn, um das Verhalten zum Mitmenschen. Das vierte Gebot, das Sabbatgebot, ist sozusagen die Schnittstelle zwischen den beiden Teilen; in ihm geht es sowohl um das Verhältnis zu Gott, zu sich selbst und zum Mitmenschen, ja darüber hinaus zur Schöpfung. Es ist denn auch das am ausführlichsten begründete der Zehn Gebote.

DAS ERSTE GEBOT: EXODUS 20,2f.

Der Dekalog beginnt nicht mit einem »du sollst«, sondern mit einem Prolog: »*Ich bin der HERR, dein Gott, der dich herausgeführt hat aus dem Land Ägypten, aus einem Sklavenhaus*« (Ex 20,2). Dieser Satz ist die Überschrift, der Grund, die Voraussetzung aller Gebote. Alles kommt darauf an, dass sämtliche Gebote von diesem Grund-Satz her verstanden werden – von der geschenkten Freiheit her. Die Zehn Gebote »beginnen nicht mit einer Forderung, sondern mit einer Erinnerung. Da verlangt kein Gott aus kaltem Jenseits unbegründet und in willkürlicher Machtausübung unbedingten Gehorsam, da erinnert vielmehr der Gott Israels, der sich mit seinem Eigennamen vorstellt [...], an etwas, das zunächst *er* getan hat. Der Gott, der hier spricht, ist der Gott der Befreiung« (Ebach 1998, 58).

»Ich bin der HERR (JHWH), dein Gott, der dich herausgeführt hat aus dem Land Ägypten, aus einem Sklavenhaus. Du sollst keine anderen Götter haben neben mir.« Ex 20,2-3

So lautet das erste Gebot. Es setzt voraus, dass es andere Götter gibt. Einen grundsätzlichen Monotheismus, der die Existenz anderer Gottheiten bestreitet, kannte man im Israel der vorexilischen Zeit nicht. Man lebte ja mitten unter Völkern, die ihre eigenen Gottheiten verehrten, und pflegte mit manchen von ihnen einen regen wirtschaftlichen und kulturellen Austausch. Der Alte Orient war eine polytheistische Welt mit Göttern und Göttinnen für die verschiedensten Lebensbereiche. In agrarischen Gesellschaften waren es vor allem die Gottheiten, denen man die Fruchtbarkeit des Landes zu verdanken meinte. Auch die autochthonen Gottheiten Kanaans, die Fruchtbarkeit des Landes versprachen, waren nicht einfach vergangen; so war etwa der Gott Baal in gewissen Zeiten für manche Israeliten eine attraktive Alternative zu JHWH. Ein grundsätzlicher Monotheismus, nach welchem es gar keine anderen Götter geben kann, hat sich in Israel erst spät, während der Exilszeit, herausgebildet. Es mag durchaus andere Götter geben, aber für Israel gibt es nur den einen Gott; die anderen Götter sind nicht seine Götter. Israel soll sie nicht verehren und anbeten. Das Gebot ist eine Folge des Prologs: Israel verdankt seine Existenz und Freiheit diesem einen Gott. Wenn es ihn vergisst und sich anderen Gottheiten zuwendet, verspielt es seine Freiheit. Der Exodus, die Befreiung Israels aus der Sklaverei, und die Tora gehören unauflösbar zusammen. Der Exodus ist der Grund der Befreiung, die Tora dient der Bewahrung dieser Freiheit.

Das erste Gebot hat seine Bedeutung in einer sogenannten säkularen Welt nicht verloren. Ich habe einige kritische Anmerkungen zu Martin Luther gemacht. Aber in seinem Großen Katechismus steht ein Satz, der es in sich hat. Auf die Frage »Was heißt ein Gott haben oder was ist Gott?« antwortet der Katechismus: »Worauf du nun dein Herz hängest und verlässest, das ist eigentlich dein Gott.« Wenn das so ist, dann ist unsere Welt voller Götter, denen große Opfer gebracht werden. Es können Ideologien sein wie zum Beispiel der Nationalismus. Es kann das Geld, das Kapital, der Mammon sein, wie es schon Jesus so klar gesagt hat: *»Ihr könnt nicht Gott und dem Mammon dienen«* (Mt 6,24). Auf der persönlich-individuellen Ebene kann es die Familie sein, die zum Gott wird, dem solidarisches Denken und Handeln gegenüber anderen Menschen geopfert wird. Karl Barth hat einmal von der »Familie an sich« gesagt, sie sei »wahrlich kein Heiligtum, sondern der gefräßige Götze des bisherigen Bürgertums gewesen« (Der Christ in der Gesellschaft, 1919). Es kann die Gesundheit sein, wenn man sie für den höchsten Wert des Lebens hält. Es kann das übersteigerte Bedürfnis nach Sicherheit sein. Wer einen Katalog der kleinen und großen Götter will, die unsere Welt und Zeit beherrschen und ihre Opfer verlangen und uns abhängig machen wollen von vielen Bedürfnissen, der braucht sich nur in die Werbung zu vertiefen.

DAS ZWEITE GEBOT: EXODUS 20,4-6

Das zweite Gebot lautet:

Ex 20,4-6 *»Mach dir kein Gottesbild, keinerlei Abbild von etwas, was oben im Himmel, was unten auf der Erde oder was im Wasser unter der Erde ist. Wirf dich nicht nieder vor ihnen und diene ihnen nicht, denn ich, der HERR, dein*

Gott, bin ein eifersüchtiger Gott, der die Schuld der Vorfahren heimsucht an den Nachkommen bis in die dritte und vierte Generation bei denen, die mich hassen, der aber Gnade erweist tausenden, bei denen, die mich lieben und meine Gebote halten.«

Mit dem »Gottesbild« oder »Abbild« sind wohl vor allem kleine, für den Hausgebrauch bestimmte, aus Holz, Stein, Ton, Bronze oder Silber angefertigte Statuen gemeint, die eine Gottheit darstellen sollen. Sie dienten als eine Art Talismane, von denen man sich Schutz erhoffte. Solche persönlichen Götter- und Göttinnenbilder waren im Alten Orient und auch im alten Israel massenhaft verbreitet. Auch von JHWH, Israels Gott, wurden solche hergestellt, wie man dem Buch der Richter entnehmen kann. Dort liest man, wie ein Efraimit namens Micha seiner Mutter Silber gibt. Die Mutter sagt: »*Ich weihe das Silber dem HERRN aus meiner Hand für meinen Sohn, damit man ein geschnitztes Bild und ein gegossenes Bild daraus mache*« (Ri 17,1-6). Auch das goldene Kalb, das Stierbild, das sich die Israeliten in der Wüste machten, sollte keinen fremden Gott, sondern JHWH darstellen. Wenn man schon das Schauen des lebendigen Gottes nicht erträgt, so möchte man doch etwas Sichtbares und Berührbares vor sich haben.

Was ist denn an solchen Bildern so schlimm, mögen wir fragen. Ich denke, es ist die Vergegenständlichung, die Verdinglichung Gottes, sozusagen seine materialisierte Verfestigung. Man kann ihn zu Hause in einem Schrein oder auf einem Hausaltar aufstellen. Man hat ihn dann in der Hand und meint, über ihn zu verfügen. Und das widerspricht der Freiheit und Unverfügbarkeit Gottes diametral. »Jahwe definiert sich [...] durch sein befreiendes Handeln an Israel – und nur dadurch. [...] Und das darf nicht abgebildet werden; das *kann* mit keinem abbildbaren Stück Welt identifiziert werden« (Crüsemann 1983, 50).

Vom zweiten Gebot, vom Bilderverbot nicht betroffen sind die sprachlichen Bilder, Vergleiche und Anthropomorphismen Gottes, die von Gott wie von einem Menschen reden. Sie sind geradezu ein Merkmal der Bibel. Von Gottes Händen und Augen ist die Rede. Gott wird als Hirte, als König, als Richter, ja als Liebhaber und Ehemann bezeichnet. Aber solche Bilder benennen ja nicht sein Aussehen, sondern sein Tun, sein Handeln; es sind sozusagen substantisierte Tätigkeitswörter. Crüsemann meint, »dass das Bilderverbot die Fülle sprachlicher Bilder für Gott und sein Handeln, die das Alte Testament enthält und die vor allem die Prophetie (Hosea!) so tief prägen, nicht nur nicht mitmeinte und also verbot, sondern dass sie der Sache nach gerade mit dieser Vorstellung eines abbildlosen Gottes zusammenhängen. Zu diesen Bildern gehören auch die für uns nach wie vor befremdlichen Anthropomorphismen, die von Gott wie von einem Menschen reden [...] Keines der Bilder jedoch, auch keines der sprachlichen Bilder, konnte ihn fassen, ihm entsprechen, alle mussten einmalig und austauchbar bleiben« (Crüsemann 1983, 48 f.).

Während der Reformation kam es unter Berufung auf das zweite Gebot an vielen Orten zum Bildersturm, bei dem die Altäre, die Bilder und Skulpturen in den Kirchen zerstört wurden. Der Heidelberger Katechismus gibt auf die Frage »Mögen aber nicht die Bilder als der Laien Bücher in den Kirchen geduldet werden?« die Antwort: »Nein; denn wir sollen nicht weiser sein als Gott, welcher seine Christenheit nicht durch stumme Götzen, sondern durch die lebendige Predigt seines Wortes will unterwiesen haben.« Den Heidelberger Katechismus in Ehren, aber dennoch ist es gut, dass, um nur ein Beispiel von tausenden zu nennen, in der Kirche Erlenbach im Simmental im Zuge der Reformation die spätmittelalterlichen Wandmalereien nicht zerstört, sondern bloß übertüncht wurden, sodass man sie 400 Jahre später wieder hervorholen konnte. Gerade dieser Bilderzyklus zeigt, dass es die Reformatoren mit dem Bilderverbot wohl doch etwas übertrieben haben. Denn diese Bilder sind ja nicht dazu da, dass man sie verehrt und anbetet, sondern sie illustrieren, sie erzählen die biblischen Geschichten – »der Laien Bücher« nennt sie der Heidelberger Katechismus; als *biblia pauperum*, als Laienbibel werden sie auch bezeichnet. Vor der Reformation konnten die Laien die Bibel ja nicht in ihrer Sprache lesen.

Hingegen betrifft das Bilderverbot sehr wohl unsere sich tief ins Bewusstsein eingeprägten männlichen Gottesvorstellungen. Und zu dieser Verfestigung haben nun die Maler von Michelangelo bis zu den illustrierten Bibeln des 19. Jahrhunderts – man denke nur an Gustave Doré oder die millionenfach verbreitete illustrierte Bibel von Julius Schnorr von Carolsfeld – das

Ihre beigetragen. Es ist gar nicht so leicht, sich wirklich innerlich freizumachen von solchen männlichen Gottesbildern und -vorstellungen. Das zweite Gebot ruft dazu auf.

Seltsam ist der Nachsatz vom eifersüchtigen Gott, »*der die Schuld der Vorfahren heimsucht an den Nachkommen bis in die dritte und vierte Generation, bei denen, die mich hassen, der aber Gnade erweist tausenden [Generationen], bei denen, die mich lieben und meine Gebote halten*«. Weshalb steht dieser Nachsatz nicht beim ersten Gebot? Ich denke, er gilt im Blick auf die drei ersten Gebote, ja, für den ganzen Dekalog. Gottes »Eifersucht« hängt wiederum zusammen mit dem Prolog: »*Ich bin der HERR, dein Gott, der dich aus dem Land Ägypter herausgeführt hat.*« Gott will nicht, dass sein befreiendes Tun rückgängig und zunichtegemacht wird, indem Israel sich fremden Göttern und Gottesbildern ausliefert, ihnen hörig wird und von Neuem seine Freiheit verliert. Eifersucht ist ja schließlich ein Wort aus der Sprache der Liebe. Bei der Schuld der Vorfahren, die Gott heimsucht bis in die dritte und vierte Generation, denkt man immer gleich an Strafe. Es geht aber vielmehr um die uralte Erfahrung, dass es einen Zusammenhang von Tun und Ergehen gibt. Die Schuld der Eltern oder der Elterngeneration kann zur Last werden, die auf den Schultern und in den Seelen nachkommender Generationen liegt. Doch weit mehr als die Schuld der Väter wiegt das Tun derer, die Gott lieben und seine Gebote halten. Auf ihm liegt ein Segen, der sich auswirkt bis zu tausenden von Generationen.

DAS DRITTE GEBOT: EXODUS 20,7

Ex 20,7 *»Du sollst den Namen des HERRN, deines Gottes, nicht missbrauchen, denn der HERR wird den nicht ungestraft lassen, der seinen Namen missbraucht.«*

So lautet das dritte Gebot. Der Gott Israels hat einen Namen. In der hebräischen Bibel wird er mit vier Buchstaben geschrieben: JHWH, man könnte ihn als »Jahwe« aussprechen. Seine Herkunft und Bedeutung wurden bereits im Zusammenhang mit Exodus 3 erörtert. Das dritte Gebot ist der Grund, weshalb Juden und Jüdinnen den Gottesnamen JHWH niemals aussprechen, um jeden Missbrauch zu vermeiden.

Name ist nicht, wie das Sprichwort sagt, Schall und Rauch. Unser Name – das sind wir selbst. Er macht uns unverwechselbar, identifizierbar, erkennbar und vor allem: ansprechbar. Unser Name ist mit uns, mit unserem Wesen unauflöslich verbunden. Er macht uns gegenwärtig. Wir brauchen ja nur den Namen einer Person zu denken oder zu nennen – schon ist die Person selbst vor uns, wird uns gegenwärtig. So offenbart sich auch Gott mit seinem Namen, weil er identifizierbar, erkennbar und ansprechbar sein will. Nicht sein Abbild, aber sein Name vertritt ihn bei den Menschen.

Nun hängt der gute Name nicht nur von seinem Träger, seiner Trägerin ab, sondern auch davon, wie andere mit ihm umgehen. Man kann einen Namen in Verruf bringen, und damit bringt man auch die Person, die diesen Namen trägt, in Verruf. Namen machen angreifbar, verletzlich. Wer seinen Namen offenbart, setzt seinen Ruf den Leuten aus. Indem Gott seinen Namen offenbart, gibt er sich uns in die Hand und in den Mund. Er geht das Risiko ein, dass sein Name missbraucht wird.

Was aber heißt es, den Namen Gottes zu missbrauchen? Dazu eine sprachliche Beobachtung. Die ersten beiden Gebote sind in der ersten Person formuliert: »*Du sollst keine anderen Götter neben mir haben; du sollst dir kein Gottesbild machen, denn ich, JHWH, bin dein Gott.*« Vom dritten Gebot an ist von Gott in der dritten Person die Rede: »*Du sollst den Namen JHWHs, deines Gottes nicht missbrauchen.*« Die sprachliche Nuance will sagen: Der Missbrauch des Gottesnamens geschieht nicht so sehr im stillen Kämmerlein, sondern im Verhalten gegenüber anderen. Es geht um unser Verhältnis zu Gott, um die Verwendung seines Namens im Gegenüber zu anderen Menschen.

Genau so ist das dritte Gebot ursprünglich auch gemeint: Du sollst den Namen Gottes nicht zu Falschem, Trügerischem, Schädlichem in den Mund nehmen, sollst mit ihm keinen Schaden anrichten. Das hieß damals in Israel zum Beispiel, den Namen Gottes nicht dazu verwenden, um einen Menschen zu verfluchen oder im Namen Gottes Zauberei zu treiben, schwarze Magie, durch die man einem anderen Menschen einen Unfall oder eine Krankheit anwünschte. Vor allem hatte das dritte Gebot seine Bedeutung im Gerichtsverfahren.

Wer als Zeuge in einem Prozess auftrat, musste im Namen Gottes einen Eid schwören. Nach dem Deuteronomium gehört es zu den schwersten Verbrechen, vor Gericht eine falsche Aussage zu machen, denn ein falsches Zeugnis konnte für den Angeklagten unter Umständen die Todesstrafe bedeuten.

Aber wir brauchen den Missbrauch des Gottesnamens nicht im alten Israel zu suchen. Wir brauchen auch nicht nur, obwohl das heute beklemmend naheliegt, an extreme Islamisten zu denken, die im Namen Allahs zum heiligen Krieg gegen die Ungläubigen aufrufen und diesen Krieg gleich selbst mit blutigem Terror beginnen. Wir haben Grund genug, an den Missbrauch des Gottesnamens durch die Christenheit zu erinnern: an die Kreuzzüge des Mittelalters, bei denen »christliche« Heere im Namen Gottes über Muslime herfielen; an die Inquisition, der nicht etwa nur in katholischen Ländern, sondern auch im reformierten Bern Andersgläubige zum Opfer fielen; an all die Kriege, die im Namen Gottes geführt wurden – noch im Ersten Weltkrieg war auf den Koppelschlössern deutscher Soldaten zu lesen: »Gott mit uns«. Im Namen Gottes wurden Waffen und Flugzeuge gesegnet, Nationalhymnen werden angestimmt.

Im Namen Gottes wurden im christlichen Abendland die Juden geächtet, verfolgt, ins Ghetto und ins Konzentrationslager gesperrt und vernichtet. Im Namen Gottes werden Menschen und Völker zu Hass und Gewalt verführt. Wen kann es da verwundern, dass der derart missbrauchte Name Gottes abgewirtschaftet hat und in Verruf gekommen ist? Und heute sind wir im westlichen Europa so weit, dass der Name Gottes nicht einmal mehr missbraucht wird: Er ist schlicht und einfach billig, belanglos, nichtssagend geworden. Das dritte Gebot hat es in sich!

die passion des wortes GOTT

das blutet aus allen wunden
das wird vergewaltigt noch und noch
das ist verraten zertrampelt zerschossen geköpft
gerädert gevierteilt gezehnteilt
verlorene glieder wurden durch monströse prothesen
ersetzt
das ist sich selber und uns und allem entfremdet
ist schizo und neuro und psycho
zerstochen über und über von nadeln mit denen
fremde substanzen injiziert worden sind
das agonisiert ohne ende
ist vielleicht schon tot oder noch nicht oder
das consilium der ärzte diskutiert noch zur zeit
und ALSO wurde das wort GOTT
zum letzten der wörter
zum ausgebeutetsten aller begriffe
zur geräumten metapher
zum proleten der sprache

Kurt Marti, in:
abendland 1989

DAS VIERTE GEBOT: DER SABBAT EXODUS 20,8-11

Das vierte, das Sabbatgebot, ist das am ausführlichsten begründete. Das könnte damit zusammenhängen, dass die Institution des Sabbats ihre volle Bedeutung erst in der Zeit während und nach dem Exil bekam. Der Sabbat ist dann für das ganze Judentum in der Diaspora bis heute geradezu konstitutiv geworden. Das kürzeste, wohl auch älteste Sabbatgebot findet sich außerhalb des Dekalogs in Exodus 34,21 (vgl. auch Ex 23,12), wobei dort das Hauptwort »Sabbat« nicht vorkommt:

Ex 34,21 *»Sechs Tage sollst du arbeiten, am siebten Tag aber sollst du aufhören. Auch mit Pflügen und Ernten sollst du aufhören.«*

Das Verbum »aufhören«, das sich auch mit »ruhen« übersetzen lässt, heißt hebräisch *schabat*; es hat dann später dem Tag seinen Namen gegeben und ist zu einem Substantiv geworden.

In den beiden Fassungen des Dekalogs Exodus 20,8-11 und Deuteronomium 5,12-15 wird das Sabbatgebot unterschiedlich begründet. Exodus 20,11 nimmt Bezug auf die Schöpfung:

»Denn in sechs Tagen hat der HERR den Himmel und die Erde gemacht, das Meer und alles, was in ihnen ist. Dann aber hörte er am siebten Tag auf. Darum hat der HERR den Sabbattag gesegnet und ihn geheiligt.« **Ex 20,11**

Wir übersehen leicht, dass das vierte Gebot ja nicht nur die Sabbatruhe verordnet, sondern auch die Arbeit: *»Sechs Tage sollst du arbeiten und all deine Arbeit tun.«* Arbeiten gehört zum menschlichen Leben und zur Menschenwürde. Auch in dieser Hinsicht ist der Mensch zum Ebenbild Gottes geschaffen. Auch Gott arbeitet. Darin unterscheidet sich der Gott Israels von den Göttern des Alten Orients. Im Altertum galt körperliche Arbeit und Anstrengung als etwas Unwürdiges, etwas für Sklaven, nicht für freie Männer, schon gar nicht für himmlische Götter. Nach sumerischen und babylonischen Mythen haben die Götter die Menschen erschaffen, damit diese ihnen die Arbeit abnehmen. Nicht so in der Bibel: Gott erschafft die Menschen als seine Mitarbeiter, sie sollen an seiner Arbeit teilnehmen, die Schöpfung zu pflegen und zu bewahren. Und sie sollen auch an seiner Ruhe teilnehmen. Die Schöpfung kommt zur Vollendung, indem Gott von seiner Arbeit ruht. »*Und Gott sah alles an, was er gemacht hatte, und siehe, es war sehr gut, sehr schön. [...] Und Gott vollendete am siebten Tag sein Werk, und er ruhte am siebten Tag von all seinem Werk, das er gemacht hatte*« (Gen 1,31; 2,2). Die Ruhe ist die Vollendung der Arbeit. Jeder siebte Tag ruft den Menschen dieses »sehr gut« in Erinnerung. Mit dem Sabbatgebot will Gott den *homo faber*, den Macher-Menschen herausholen aus seiner Rastlosigkeit und Sorge. Am Sabbat sollen die Menschen das Leben finden, sollen erfahren und feiern, dass das Leben in sich gut und schön ist.

Abraham Heschel, ein amerikanischer Rabbiner (1907-1972), hat ein kleines Buch über den Sabbat geschrieben. Darin heißt es u.a.: Der Sabbat »ist ein Tag, ausgesondert für die Freiheit, ein Tag, an dem wir die Werkzeuge, die so leicht zu Waffen der Vernichtung geworden sind, nicht benutzen; ein Tag, an dem wir für uns selbst da sind; ein Tag ohne die banalen Alltäglichkeiten; ein Tag, an dem wir nicht mehr die Götzen der technischen Zivilisation anbeten, an dem wir kein Geld benutzen; ein Waffenstillstand im wirtschaftlichen Kampf mit unseren Mitmenschen und mit den Kräften der Natur. [...] Der siebte Tag ist der Waffenstillstand im grausamen Existenzkampf des Menschen, ein Waffenstillstand in allen persönlichen und sozialen Konflikten; Friede zwischen Mensch und Mensch, Mensch und Natur, Friede im Menschen, ein Tag, an dem der Umgang mit Geld als Entweihung gilt, an dem der Mensch seine Unabhängigkeit bestätigt von dem, was der oberste Götze der Welt ist. Der siebte Tag ist der Exodus aus Spannung, die Befreiung des Menschen aus seiner eigenen Verwirrung, die Einsetzung des Menschen zum Herrscher in der Welt der Zeit« (Heschel, Der Sabbat 25 ff.).

Der Sabbat – ein Tag der Freiheit! Deshalb ein Seitenblick auf die Fassung des Dekalogs im Deuteronomium. Hier wird der Sabbat nicht mit der Schöpfung begründet, sondern mit dem Exodus. Auch diese Fassung beginnt mit dem Prolog:

Dtn 5,6 *»Ich bin JHWH, der dich herausgeführt hat aus dem Land Ägypten, aus einem Sklavenhaus.«*

Und hier wird diese Voraussetzung am Schluss des Gebots wiederholt und noch verstärkt, wenn es schließt mit den Worten:

Dtn 5,15 *»Denke daran, dass du Sklave gewesen bist im Land Ägypten, und dass JHWH, dein Gott, dich von dort herausgeführt hat mit starker Hand und ausgestrecktem Arm. Darum hat dir JHWH, dein Gott, geboten, den Sabbattag zu halten.«*

So ist der Sabbat der Tag, an dem Israel seine Befreiung und seine Freiheit feiert. Und diese Freiheit soll unteilbar sein. Deshalb soll die Sabbatruhe nicht nur für die eigene Familie gelten, sondern auch für Knechte und Mägde, ja auch für das Rind und den Esel und alles Vieh, und auch für »*den Fremden, der in deinen Toren ist, da-*

mit dein Knecht und deine Magd ruhen können wie du« (Dtn 5,14). Der israelitische Bauer und Grundeigentümer soll seinerseits den ihm Untergebenen Ruhe gewähren, sie ein wenig Freiheit erfahren lassen, soll also nicht gewissermaßen in die Rolle des ägyptischen Pharao verfallen. Das älteste Sabbatgebot von Exodus 34,21, das ausdrücklich das Innehalten beim Pflügen und Ernten gebietet, hat auch eine ökologische Bedeutung: Auch die Erde bedarf der Ruhe. Das erweiterte Gebot in Deuteronomium 5 und Exodus 20 betont dem gegenüber die soziale Seite des Sabbats. »Das, was sonst nur als Voraussetzung in den Dekalog eingeht, die befreiende Macht Jahwes, schlägt hier exemplarisch und zeichenhaft zu denen durch, die daran sonst nicht partizipieren« (Crüsemann 1983, 58). Übrigens, das sei am Rande doch noch erwähnt, ist der Sabbat keineswegs, wie es in der Christenheit der Sonntag ist, ein Tag des Kults, des Gottesdienstes. Im biblischen Israel feierte man den Sabbat nicht in erster Linie, um Gott zu dienen und zu loben, sondern schlicht und einfach um – nichts zu tun!

DAS FÜNFTE GEBOT: ALTERSVORSORGE IN ISRAEL EXODUS 20,12

Ex 20,12 »*Ehre deinen Vater und deine Mutter, wie der HERR, dein Gott, es dir geboten hat, damit du lange lebst und es dir gutgeht auf dem Boden, den der HERR, dein Gott dir gibt.*«

Die christliche Tradition, gerade die protestantische, hat als Adressaten des fünften Gebots vor allem die Kinder und Jugendlichen gesehen. Ihnen wurde es im Katechismusunterricht beigebracht. Es sollte die Autorität der Eltern, besonders der Väter, begründen und die Kinder zu Zucht, Ordnung und Gehorsam anleiten. Martin Luther hat die Bedeutung über die Familie hinaus erweitert; es sollte auch den Gehorsam gegenüber den von Gott verordneten weltlichen Obrigkeiten begründen. Der reformierte Heidelberger Katechismus antwortet auf die Frage »Was will Gott im fünften Gebot? Dass ich meinen Vater, meine Mutter und allen, die mir vorgesetzt sind, alle Ehre, Liebe und Treue beweisen und mich aller guten Lehre und Strafe mit gebührlichem Gehorsam unterwerfen und auch mit ihren Gebrechen Geduld haben soll, dieweil uns Gott durch ihre Hand regieren will.« Unterwerfung und Gehorsam gegenüber den Vorgesetzten sind die Worte, die in dieser Antwort hervorstechen. Immerhin mahnt der Heidelberger auch zur Geduld gegenüber den alten, gebrechlichen Eltern.

Das fünfte Gebot aber war, wie der ganze Dekalog, nicht an Kinder, sondern an erwachsene, mündige, rechtsfähige und handlungsfähige Personen gerichtet. Es ist nicht eine Ermahnung zu kindlichem Gehorsam, es will vielmehr die Altersvorsorge für die Eltern sichern. Altersvorsorge als Aufgabe der Gesellschaft, organisiert durch staatliche Sozialwerke und Pensionskassen, ist eine Errungenschaft der neuesten Zeit. Sie war während Jahrtausenden zuvor eine Sache, die innerhalb der Familie geregelt werden musste. Alte, Gebrechliche, die nicht mehr für sich selber sorgen konnten, waren völlig auf die Unterstützung und Versorgung durch die Jüngeren angewiesen. In Israel waren das in erster Linie die Söhne, vor allem der Älteste, der dafür den doppelten Erbanteil bekam. Sie übernahmen Haus, Land und die dazugehörenden Produktionsmittel, während die verheirateten Töchter wegzogen und nun anderen Familien zugehörten. Das fünfte Gebot hat also zunächst einen ganz materiellen, sozialen Sinn. Es verpflichtet die Söhne, die alt gewordenen Eltern bis zu ihrem Tod mit Wohnung, Nahrung und Kleidung zu versorgen und menschenwürdig zu behandeln. Das hebräische Wort, das hier mit »ehren« übersetzt ist, bedeutet: jemanden für gewichtig halten, ihn für voll nehmen, seinen Platz und Wert in der Gesellschaft anerkennen.

Auch das fünfte Gebot steht unter dem Vorzeichen der Bewahrung der geschenkten Freiheit. »*On n'est libre qu'au dépens des autres*«, hat Albert Camus gesagt und damit ein in unserer Gesellschaft tief verwurzeltes Freiheitsverständnis formuliert: Freiheit sei nur auf Kosten anderer möglich. Die Tora denkt da anders. Freiheit gedeiht auf dem Boden der Solidarität. Frei ist, wer es nicht auf Kosten der andern ist. Frei sind die Söhne und Töchter, solange sie den Raum für Freiheit und Leben auch ihren alten Eltern offenhalten und sichern. Über die Kette der Generationen wird Freiheit nur weitergegeben, wenn die schwächsten Glieder daran teilhaben.

»Damit du lange lebst und es dir gutgeht auf dem Boden, den der HERR, dein Gott dir gibt«, fügt die Tora dem fünften Gebot hinzu.

DIE GEBOTE SECHS BIS ZEHN – SELBSTVERSTÄNDLICHKEITEN? EXODUS 20,13-17

Das sechste, siebte, achte und neunte Gebot sind äußerst knapp und lapidar formuliert: Morde nicht! Brich nicht die Ehe! Stiehl nicht! Sage kein falsches Zeugnis gegen deinen Nächsten! Es werden hier Verhaltensweisen und Taten aufgelistet, die zu unterlassen für uns – so scheint es jedenfalls – selbstverständlich ist. Damit diese Gebote konkreter werden, muss man sie im Zusammenhang der ganzen Tora lesen und verstehen. Das sei hier nur ansatzweise und mit einigen Beispielen versucht.

Ex 20,13 *»Du sollst nicht töten.«*

Das hebräische Wort *razach*, das hier für »töten« steht, wird in der Tora nur für den Tatbestand von Totschlag und Mord verwendet und bezeichnet »ungesetzliches, willkürliches Totschlagen« (J. J. Stamm). Für das Töten im Krieg oder bei der Todesstrafe, auch für das Töten von Tieren kennt das Hebräische andere Begriffe. Die Kritiker der Todesstrafe oder die Pazifisten können sich also nur in sehr indirektem Sinn auf das **sechste Gebot** berufen. Es zielt auf den Einzelnen und hat nicht gesellschaftliche und politische Verhältnisse im Auge. Es schützt die Heiligkeit und Unantastbarkeit des Lebens. Und es ist eine Absage an die Gewalt in den zwischenmenschlichen Beziehungen; es impliziert den Appell, Konflikte nicht eskalieren zu lassen, sodass es am bösen Ende zu Totschlag und Mord kommt.

Aber obwohl das »Töte nicht!« sich hier im Dekalog beschränkt auf die tödliche Gewalt zwischen einzelnen Menschen, ist es, wie wenn in die Köpfe und Herzen der Menschen eine Idee eingepflanzt worden wäre, ein Same, der Wurzeln schlägt und immer neue, tiefere Einsichten reifen lässt. Wenn man etwa Sprüche 24,11 liest: »*Befreie, die zum Tod geschleppt werden, und rette, die zur Hinrichtung wanken*«, hört sich das nicht an, wie wenn in Sachen Todesstrafe das letzte Wort in der Tora noch nicht gesagt wäre? Und heißt es nicht beim Propheten Ezechiel (33,11): »*So wahr ich lebe, Spruch Gottes des HERRN, ich habe keinen Gefallen am Tod des Ungerechten, sondern daran, dass ein Ungerechter sich abkehrt von seinem Weg und am Leben bleibt.*« Selbst das Töten im Krieg ist nicht das letzte Wort. Da ist die Vision des Propheten Jesaja (Jes 2 und Mi 4). Er schaut, wie die Völker sich zum Zion aufmachen, um sich in den Wegen JHWHs unterweisen zu lassen. »*Denn von Zion wird Weisung [tora] ausgehen, und das Wort JHWHs von Jerusalem. Und er wird für Recht sorgen zwischen den Nationen und vielen Völkern Recht sprechen. Dann werden sie ihre Schwerter zu Pflugscharen schmieden und ihre Speere zu Winzermessern. Keine Nation wird gegen eine andere das Schwert erheben, und das Kriegshandwerk werden sie nicht mehr lernen*« (Jes 2,3-4). Und schließlich wird Jesus in seiner Auslegung der Tora, in der Bergpredigt, das Tötungsverbot noch einmal radikalisieren (Mt 5,21 ff.).

Ex 20,2.14 *»Ich bin der HERR, dein Gott, der dich aus Ägypten herausgeführt hat, aus dem Sklavenhaus.« –*
»Du brichst nicht die Ehe.«

So lautet das **siebte Gebot.** Das Verbot des Ehebruchs richtet sich nur an die Männer; es untersagt ihnen, in eine fremde Ehe einzubrechen. Ein Ehebruch bedrohte die gesellschaftliche Ordnung, denn Ehe und Familie waren in einer agrarischen Gesellschaft überlebenswichtig. Nur eine intakte Familie konnte über Generationen die Lebensgrundlage ihrer Mitglieder sicherstellen. Zu dieser Unversehrtheit gehörte, dass ein Mann sich darauf verlassen konnte, dass die Kinder wirklich seine eigenen, von ihm gezeugten Kinder waren. Das Verbot ist also nicht so sehr moralisch begründet, was der Umstand zeigt, dass es dem israelitischen Mann nicht verboten war, mit einer Sklavin oder einer Prostituierten zu verkehren. Das galt nicht als Ehebruch. Die Sünde Davids bei seinem Ehebruch mit Batscheba bestand nicht darin, dass er seine Sexualität nicht zügeln konnte, sondern dass er durch sein Begehren die Ehre

Batschebas und das Leben Urijas, ihres Ehemanns, zerstört hat. Auch in dieser Sache wird der Tora-Ausleger Jesus noch ein anderes Wort sagen.

Um die Bedrohung oder gar Zerstörung der Existenz, der Lebensgrundlage eines anderen Menschen geht es auch im **achten Gebot:**

»*Du sollst nicht stehlen.*« **Ex 20,15**

Es gehe in diesem Gebot, meint Frank Crüsemann, »*schlicht um widerrechtliche Schädigung des Nächsten an seinem Eigentum*«. (Bewahrung, 73). Nach Albrecht Alts berühmter These meinte das Verbot in erster Linie den Menschenraub. Man kann das so sagen, aber es genügt mir nicht. Ich denke, gerade die Tora des Deuteronomiums zeigt, dass es bei diesem Gebot nicht nur um offenen Diebstahl oder Raub geht, sondern auch um versteckten, wie ein Seitenblick auf das Deuteronomium zeigt. Da wird dem Grundbesitzer geboten, dem armen Tagelöhner, der für ihn gearbeitet hat, den Lohn pünktlich und korrekt zu bezahlen (Dtn 24,14-15). Handelt er nicht wie ein Dieb, wenn er dies nicht tut? Dem Israeliten wird eingeschärft: »*Volle und richtige Gewichte, volle und richtige Hohlmaße sollst du haben*« (Dtn 25,13-16); er soll also nicht mit gefälschten Gewichten und Maßen handeln.

Liest man das achte Gebot im Zusammenhang solcher Weisungen, liegt seine Stoßrichtung nicht mehr so sehr auf dem Schutz des Eigentums, sondern auf dem Schutz und in der Sicherung der Lebensgrundlage für alle, besonders für die Armen. Das achte Gebot übertritt, wer den Nächsten übervorteilt, wer den Kleinen und Abhängigen ausnützt und sich selber Vorteile verschafft. Er untergräbt ihre Lebensgrundlage. Einmal mehr zeigt sich, dass die Zehn Gebote sich an die freien, grundbesitzenden Männer in Israel richteten. Das Diebstahl-Verbot ist also in erster Linie nicht zu den kleinen Dieben aus Gelegenheit und Not gesagt. Es richtet die Aufmerksamkeit auf die Armut, die es auch deshalb gibt, weil die Eigentümer, die Besitzenden lebenswichtige Güter unter sich aufteilen und vermehren und nichts übriglassen für die anderen.

Genau auf dieser Linie haben die Reformatoren das achte Gebot verstanden. Das war in einer Zeit größten gesellschaftlichen Umbruchs. Über Ländergrenzen hinweg nahm der Handel einen ungeheuren Aufschwung. Große Handelshäuser und Banken entstanden, während zahllose Handwerksbetriebe zugrunde gingen und viele Bauern verarmten. Das Geld bekam eine ganz neue Funktion. War es zuvor mehr oder weniger ein Mittel zum Austausch von Waren und Dienstleistungen, so wurde es nun zum Kapital, das seinen Zweck erst dann erfüllt, wenn es sich vermehrt. Es wurde zur Antriebskraft des ganzen gesellschaftlichen und wirtschaftlichen Lebens. Die Dynamik des grenzenlosen Wachstums hat damals im 15. und 16. Jahrhundert begonnen. Das hatte Johannes Calvin, der Genfer Reformator, vor Augen, als er zum achten Gebot schrieb: »Nicht bloß diejenigen stehlen, die heimlich sich fremdes Besitztum aneignen, sondern auch, die zum Schaden anderer einen Gewinn machen wollen, mit unerlaubten Künsten Reichtümer anhäufen, kurz, denen der persönliche Nutzen über Recht und Billigkeit geht. Wer andere schlau zu übertölpeln weiß und die Armen hinterlistig unterdrückt, gilt als umsichtig und geschäftsgewandt. Aber Gott vertreibt allen solchen Dunst und nennt alle unlauteren Künste, mit denen ein Mensch sich bereichert, einfach Diebstahl.« Und Martin Luther, der durch das Zins- und Wucherwesen seiner Zeit tief beunruhigt war, sagt in seinem Großen Katechismus zum achten Gebot – und man hört förmlich seinen Zorn: »Es soll nicht nur gestohlen heißen, wenn einer Kasten und Taschen ausräumt, sondern das Umsichgreifen auf dem Markt [...] überall, wo man Geschäfte macht, Geld für Ware oder Arbeit nimmt und gibt.« Auf dem Markt gehe es mit voller Macht und Gewalt zu, einer beschwere, schinde und plage den andern, ja, wenn man die Welt durch alle Stände ansehe, so komme sie einem vor wie ein großer Stall voll großer Diebe. Und die darin das Sagen hätten, hießen große Junker und ehrsame fromme Bürger, aber dabei täten sie nichts als rauben und stehlen.

Das ist grob und leidenschaftlich geredet. Aber man kann nur darüber staunen, wie hell- und weitsichtig die Reformatoren in dieser Sache waren, wie sie die Mechanismen des globalen Marktes unserer Zeit im Prinzip genau und richtig beschrieben haben. Seit der großen bürgerlichen Revolution in Frankreich gilt das Eigentum als »*droit inviolable et sacré*«, als unverletzliches, heiliges Recht. Für die Tora aber ist nicht das Eigentum »*inviolable et sacré*«. Sondern heilig und unverletzlich ist das Leben und sind damit auch die materiellen Grundlagen eines menschenwürdigen Lebens.

Um die Unversehrtheit des Lebens und der Lebensgrundlagen des Nächsten geht es auch im **neunten Gebot:**

»Du sollst nicht als falscher Zeuge gegen deinen Nächsten auftreten.« **Ex 20,16**

Seine ursprüngliche Bedeutung hatte das Gebot im Gerichtswesen. Gerichtsprozesse wurden im alten Israel »im Tor« der Städte und Dörfer, also öffentlich, abgehalten. Einen öffentlich bestallten Ankläger gab es nicht. Jeder freie Bürger konnte als Ankläger oder auch als Zeuge auftreten.

Diese Doppelrolle gab seiner Aussage ein außerordentliches Gewicht. Eine falsche Aussage konnte den Angeklagten um Kopf und Kragen bringen, ihn Hab und Gut, seine Freiheit, ja sein Leben kosten, wenn er sie nicht glaubwürdig widerlegen konnte. Deshalb hat die Tora den Rechtsschutz dadurch zu stärken versucht, dass ein Angeklagter nur auf die Aussage von zwei oder drei Zeugen verurteilt werden konnte (vgl. Dtn 17,6; 19,15-21).

Doch das neunte Gebot hat seine Bedeutung über die Gerichtssituation hinaus. Es geht um eine sozusagen alltägliche Prozesssituation. In dieses tägliche, banale Beurteilen und Verurteilen greift das neunte Gebot ein. Es leuchtet hinein in die Beziehungen in der Familie, in der Nachbarschaft, am Arbeitsplatz; und es leuchtet in die Öffentlichkeit, wo Worte, die gesprochen, geschrieben und gedruckt oder ins Netz gestellt werden, eine große Macht haben. Durch falsche Aussagen, halbe Wahrheiten, halbe Lügen, Übertreibungen und Auslassungen, Verallgemeinerungen, subtile Unterstellungen, durch Vermischen von Tatsachen und Meinungen können Menschen nicht nur in ihrer Ehre getroffen, sondern auch an ihrer Lebensentfaltung gehindert, an Seele und Leib verletzt werden.

Und es werden gesellschaftliche und politische Vorgänge und Entscheidungen manipuliert. Vor dieser zerstörerischen Macht der Worte will das neunte Gebot uns schützen und bewahren.

Und da ist schließlich das **zehnte Gebot:**

»Begehre nicht die Frau deines Nächsten und verlange nicht nach dem Haus deines Nächsten, nach seinem Acker, nach seinem Knecht oder nach seiner Magd, nach seinem Rind oder seinem Esel oder nach irgendetwas, was deinem Nächsten gehört.« **Ex 20,17**

Das hebräische *chamad*, das hier mit »begehren« übersetzt ist, meint nicht nur das Begehren in Gedanken, sondern auch die Absicht und die Möglichkeit, sich das Begehrte zu verschaffen. Das Gebot meint im Grund etwas ganz Einfaches: Lass dir genug sein mit dem, was du hast. Wobei wir uns auch hier sogleich vor Augen halten müssen, zu wem es gesagt ist. Gesagt ist es dem freien Mann, der über Besitz verfügt und genug hat zum Leben. Es ist kaum gesagt zum verarmten Kleinbauern, der seine Schulden nicht bezahlen kann, nicht zum Sklaven, nicht zur armen Witwe, nicht zum besitzlosen Tagelöhner, der keine Möglichkeit hatte, eine Frau zu heiraten. Aber genau in diesem Sinn ist das Gebot von den Predigern des Bürgertums im 19. Jahrhundert verstanden worden. Sie haben den Arbeitern, den Proletarierkindern das zehnte Gebot eingehämmert, um ihnen jeden Gedanken an soziale Veränderung auszutreiben. Sie haben das Gebot hingestellt als einen Zaun, der die besitzende Klasse vor dem Neid und dem Zugriff der Besitzlosen schützen sollte. Doch das ist ein grobes, interessegeleitetes Missverständnis. Das zehnte Gebot steht in zeitlicher und sachlicher Nähe zur Botschaft der Propheten Jesaja und Micha. Sie reden von der sozialen Realität in Israel, in die hinein das zehnte Gebot gesagt war. »*Weh euch*«, heißt es bei Jesaja (5,8), »*die ihr Haus an Haus reiht und Feld an Feld fügt, bis kein Platz mehr da ist und ihr allein Vollbürger seid im Land.*« Und ähnlich tönt es bei Micha (2,1-2): »*Weh denen, die auf ihrem Lager Unheil planen und Böses ersinnen. Wenn es Tag wird, führen sie es aus, denn sie haben die Macht dazu. Sie wollen Felder haben und reißen sie an sich. Sie wollen Häuser haben und bringen sie in ihren Besitz. Sie wenden Gewalt an gegen den Mann und sein Haus, gegen den Besitzer und sein Eigentum.*« Genau gegen solche Zustände richtet sich das zehnte Gebot.

Der Dekalog ist dem Bundesbuch und der Rechtssammlung des Deuteronomiums zugeordnet. Wenn man ihn aus diesem Zusammenhang herauslöst, verlieren die Zehn Gebote ihre inhaltliche Konkretisierung, wirken abgehoben von den sozialen Realitäten. So werden sie aber ihrem ursprünglichen Sinn entfremdet. Erst im Zusammenhang mit der ganzen Tora, ja mit den übrigen Schriften des Alten Testaments, können sie ihre soziale Sprengkraft entfalten und zeigen dann auf einmal eine überraschende und beunruhigende Aktualität.

DAS BUNDESBUCH

Die fünf Bücher Mose enthalten eine Vielzahl von Weisungen, Geboten und Gesetzen, weshalb ja der Name dieser fünf Bücher in der hebräischen Bibel Tora lautet, was »Weisung, Gebot« bedeutet. Diese Weisungen sind vor allem in drei größeren Sammlungen zusammengestellt: im Bundesbuch Exodus 21,1-23,19, im Deuteronomium (der Name bedeutet »zweites Gesetz«), genauer in den Kapiteln 12-26, und in priesterschriftlichen Vorschriften, die sich im Buch Leviticus finden (so etwa das sogenannte Heiligkeitsgesetz in Leviticus 17-26). Das Bundesbuch ist die älteste der drei Sammlungen und geht wahrscheinlich auf das 9. und 8. Jahrhundert v. Chr. zurück. Das deuteronomische Gesetz lässt sich in die späte Königszeit vom Ende des 7. und in das 6. Jahrhundert datieren. Die priesterschriftlichen Gesetze entstammen den letzten Jahren des babylonischen Exils und der Zeit nach dem Exil. Die Weisungen der drei Sammlungen betreffen zum Teil dieselben Sachverhalte, wobei auffällt, dass sie sich manchmal ergänzen, aber auch korrigieren und sich sogar widersprechen. Für unser Rechtsverständnis ist das befremdlich. Wenn bei uns zur gleichen Sache ein neues Gesetz beschlossen wird, tritt das alte außer Kraft. Nicht so in der Tora des Alten Testaments. Hier stehen Weisungen aus verschiedenen Zeiten, die denselben Sachverhalt betreffen, nebeneinander und schließen sich gegenseitig nicht aus, das spätere setzt das frühere nicht einfach außer Kraft. Führt das nicht zu Rechtsunsicherheit? Woran soll sich ein Gericht bei der Rechtsprechung denn nun halten, an das ältere oder das jüngere Gesetz? Die gleichzeitige Gültigkeit verschiedener Gesetze aus verschiedenen Zeiten gibt dem Gericht eine gewisse Auslegungsfreiheit. Da ist zum Beispiel das eine Gesetz härter, rigider, das andere milder, indem es mildernde Umstände berücksichtigt. Das gibt dem Gericht die Möglichkeit, im konkreten Fall den Umständen einer Tat Rechnung zu tragen und ein Urteil zu sprechen, das nach dem älteren Gesetz nicht möglich wäre.

Aber wenden wir uns dem Bundesbuch von Exodus 21,1-23,19, dieser ältesten Rechtssammlung zu.

»Das sind die Rechtssätze, die du [Mose] ihnen vorlegen sollst.« Ex 21,1

So lautet die Überschrift. Zwei Sachverhalte, die uns heute fremd sind, gilt es zu berücksichtigen: Es gab in Israel Sklaverei, und man kannte wie überall in der Antike und im christlichen Abendland bis in die Neuzeit die Todesstrafe für bestimmte Vergehen. Wir sollten dies nicht nach heute geltenden Wertvorstellungen beurteilen. In den USA wurde die Sklaverei erst 1865 nach dem Sezessionskrieg abgeschafft. Und in der Schweiz kennt die Bundesverfassung erst seit 1999 ein absolutes Verbot der Todesstrafe. Ich will nicht alle Bestimmungen des Bundesbuches näher erläutern, sondern wähle einige Beispiele, einerseits solche, die um des Verstehens willen einer Erklärung bedürfen, andererseits solche, die meines Erachtens auch und gerade heute von Bedeutung sind.

SKLAVEN SIND NICHT RECHTLOS

Das Bundesbuch beginnt mit Vorschriften zum Sklavenrecht. Das ist kein Zufall, denn das Thema der Sklaverei hatte in Israel eine besondere Bedeutung; da war ja die Erinnerung, dass man selbst einmal versklavt war. Aber Sklaverei gab es auch im Alten Israel: »*Wenn du einen hebräischen Sklaven kaufst …*« (Ex 21,2). Dabei wurde unterschieden zwischen Schuldsklaven und auf dem Sklavenmarkt gekauften Sklaven. Letzteres gab es in Israel wohl eher selten, und Dtn 15 (wie auch die einschlägige prophetische Sozialkritik) bezieht sich jedenfalls nicht darauf (vgl. W. Dietrich, Art. Sklaverei in der TRE). Wenn jemand sich verschuldete und seine Schulden nicht zurückzahlen konnte, musste er seinem Gläubiger als Sklave dienen und so seine Schuld abarbeiten. Aber Sklaven und Sklavinnen waren nicht völlig der Willkür ihrer Herren ausgeliefert, sondern genossen einen gewissen, wenn auch begrenzten rechtlichen Schutz.

»Wenn du einen hebräischen Sklaven kaufst, soll er sechs Jahre dienen, im siebten aber soll er ohne Entgelt freigelassen werden. Kommt er allein, soll er auch wieder allein entlassen werden. Ist er verheiratet, so soll seine Frau mit ihm gehen. Gibt sein Herr ihm eine Frau und gebärt sie ihm Söhne oder Töchter, so gehören die Frau und deren Kinder ihrem Herrn, und er wird allein entlassen. Sagt aber der Sklave: Ich liebe meinen Herrn, meine Frau und meine Kinder, ich will nicht freigelassen werden, so führe ihn sein Herr vor Gott und führe ihn an die Tür oder an den Türpfosten, und dort durchbohre ihm sein Herr das Ohr mit einem Pfriem, und er soll ihm für immer als Sklave dienen.« **Ex 21,2-6**

Grundsätzlich soll also ein Schuldsklave nach sechs Jahren freigelassen werden, unabhängig davon, ob er seine Schuld abgearbeitet hat. Allerdings wird dieser Grundsatz sogleich zum Vorteil des Gläubigers eingeschränkt. Die Frau des Sklaven, sofern sie ihm der Gläubiger gegeben hat, bleibt in der Sklaverei, ebenso die Kinder. Und wenn der Sklave sich von seiner Familie nicht trennen will, muss er auf die Freilassung verzichten. Damit aber wird die Dauersklaverei legalisiert und der Grundsatz der Freilassung wird in der Praxis erheblich beschränkt. Das gilt besonders für die Frauen, wie die folgenden Verse zeigen:

Ex 21,7 *»Wenn jemand seine Tochter als Sklavin verkauft, darf sie nicht freigelassen werden, wie die Sklaven entlassen werden.«*

Dahinter steht wohl die Realität, dass solche Frauen oft nicht nur als Arbeitssklavinnen, sondern auch als Sexsklavinnen »gebraucht« wurden und deshalb an ihre Herren gebunden waren. Wenn der Herr die Sklavin jedoch seinem Sohn zur Frau gibt, erhält sie die vollen Rechte einer verheirateten Frau. Und wenn dieser sie vernachlässigt, dann »wird sie frei ohne weiteres Lösegeld«. So sind also auch Sklavinnen nicht völlig rechtlos.

In der zweiten großen Rechtssammlung, dem Deuteronium (Dtn 15,12-18), werden die Bestimmungen betreffend der Freilassung der Sklaven gegenüber Exodus 21 deutlich verbessert. Zum einen sind die Sklavinnen den männlichen Sklaven völlig gleichgestellt. Zum andern sollen sie nicht mit leeren Händen gehen. Nach dem Bundesbuch haben die Sklaven durch ihren Frondienst zwar ihre Schulden bezahlt; sie stehen aber bei ihrer Freilassung vor dem Nichts. Nach dem Deuteronomium erhalten sie eine Starthilfe für das Leben in Freiheit.

»Von dem, womit der HERR, dein Gott, dich gesegnet hat, davon sollst du ihm etwas geben, und du sollst daran denken, dass du Sklave warst im Land Ägypten und dass der HERR, dein Gott, dich befreit hat.« Dtn 15,14-15

Hier kommt ein Grundmotiv des Deuteronomiums zur Sprache: In Israel weiß man, was es heißt, ein Sklavendasein zu fristen und von ihm befreit zu werden.

In jedem Sklaven soll der freie Israelit sein eigenes Schicksal wiedererkennen. Das Sklavenrecht des Bundesbuches wird also im Deuteronomium unverkennbar kritisiert und korrigiert.

Noch weiter geht das Heiligkeitsgesetz der Priesterschrift. Der Sklave wird für seine Arbeit entlohnt und kann im Jobeljahr mit seiner ganzen Familie »*zu seiner Sippe zurückkehren und wieder zum Besitz seiner Vorfahren kommen*« (Lev 25,41). Es geht hier also, so könnte man sagen, um die Restitution, die Wiederherstellung gerechter Verhältnisse. »*Denn meine Sklaven sind sie, die ich herausgeführt habe aus dem Land Ägypten.*« Auch die Sklaven gehören zu dem Israel, das Gott in die Freiheit geführt hat; so sind sie den Freien grundsätzlich gleichgestellt. Damit »vollzieht sich rechtsgeschichtlich etwas Wichtiges« schreibt Frank Crüsemann: »Es ist ein erster bedeutender Schritt zur Aufhebung von Sklaverei überhaupt und ihre Verwandlung in Lohnarbeit« (Crüsemann 1992, 353).

»AUGE UM AUGE, ZAHN UM ZAHN«

Die Bestimmungen zur Todesstrafe und zum Sexualstrafrecht sollten für uns keine Bedeutung mehr haben. Immerhin sollte man beachten, dass es dabei stets um den Schutz der Schwächeren geht. Um nur ein Beispiel zu nennen: Exodus 22,15-16 bestimmt, dass, wer eine Jungfrau verführt und mit ihr schläft, ihrem Vater das Brautgeld geben und sie heiraten soll. Wenn sich aber ihr Vater weigert, sie ihm zur Frau zu geben, dann muss er sie entschädigen mit Geld in der Höhe des Brautgeldes für Jungfrauen.

Auf einen Rechtsgrundsatz sei etwas näher eingegangen, weil er zum Sprichwort geworden ist:

> *»Auge für Auge, Zahn für Zahn, Fuß für Fuß, Brandmal für Brandmal, Wunde für Wunde, Strieme für Strieme.«* Ex 21,24-25

Das Wort wurde oft als Ausdruck alttestamentlicher Rache- und Vergeltungsmoral verstanden. Man sah in ihm das sogenannte *ius talionis*, den Grundsatz, Gleiches mit Gleichem zu vergelten, der zurückgeht auf den Codex Hammurapi, die Gesetzessammlung des babylonischen Königs Hammurapi aus dem 18. Jahrhundert v. Chr. Früher wurde oft die Ansicht vertreten, das Talionsprinzip bedeute in der Rechtsentwicklung einen Fortschritt gegenüber einer eskalierenden Blutrache.

Auf das Alte Testament trifft dies nicht zu. Hier geht es gar nicht um das Talionsprinzip. Benno Jacob zeigt es in seinem Exodus-Kommentar in einer gründlichen Untersuchung. »Du sollst Leben geben für Leben, Auge für Auge, Zahn für Zahn usw.« lesen wir. Das Verbum »geben«, hebräisch *natan*, so Jacob, setzt immer einen Geber und einen Empfänger voraus. Ich kann jemandem, dem ich ein Auge ausgeschlagen habe, nicht mein eigenes Auge geben; weder kann er es nehmen, noch würde es ihm das verlorene Auge ersetzen. In allen Fällen, die vor und nach diesem Wort stehen, geht es um eine Ersatzleistung, die der Täter dem Geschädigten erstatten muss. Diese Erstattung kann meistens durch Bezahlung erfolgen.

Bei »Leben für Leben geben, Auge für Auge« geht es ebenfalls genau um eine solche Ersatzleistung, die von einer richterlichen Instanz festgesetzt wurde und, in Geld berechnet, in etwa der Schädigung entsprach, also eine Wiedergutmachung bedeutete, soweit sich in einem solchen Fall – es handelt sich vor allem um fahrlässige Körperverletzungen – überhaupt etwas wiedergutmachen lässt. Benno Jacob übersetzt denn auch Exodus 21,23 ff.: »Wenn aber ein Unfall geschieht, so sollst du geben Lebens-Ersatz für Leben, Auges-Ersatz für Auge, Zahnes-Ersatz für Zahn.« Die Meinung, das Wort vom »Auge für Auge« sei Ausdruck alttestamentlicher Vergeltungsmoral, löst sich also in Luft auf.

FREIHEIT BEGRÜNDET SOLIDARITÄT

Während die meisten straf- und sexualrechtlichen Vorschriften des Bundesbuches für uns kaum noch von aktueller Bedeutung sind, ist das für die sozialrechtlichen Bestimmungen anders. Sie sind eine die Zeiten überdauernde Herausforderung. Im Bundesbuch finden sie sich Exodus 22,20-26 und 23,1-13. Sie sollen hier zitiert werden:

Ex 22,20-26 »Einen Fremden sollst du nicht bedrängen und nicht quälen, seid ihr doch selbst Fremde gewesen im Land Ägypten. Eine Witwe oder eine Waise sollt ihr nicht erniedrigen. Wenn du sie erniedrigst und sie zu mir schreien, werde ich ihr Schreien hören, und mein Zorn wird entbrennen, und ich werde euch töten mit dem Schwert, sodass eure Frauen Witwen und eure Söhne Waisen werden.

Leihst du Geld dem Armen aus meinem Volk, der bei dir ist, so sei nicht wie ein Wucherer zu ihm. Ihr sollt ihm keinen Zins auferlegen. Nimmst du den Mantel deines Nächsten zum Pfand, sollst du ihm diesen vor Sonnenuntergang zurückgeben. Denn er ist seine einzige Decke, die Hülle für seine nackte Haut. Worin sonst soll er sich schlafen legen? Wenn er zu mir schreit, werde ich es hören; denn ich bin gnädig.«

Ex 23,1-13 »Du sollst kein nichtiges Gerücht verbreiten. Biete deine Hand nicht einem, der Unrecht tut, indem du als Zeuge Gewalt deckst. Du sollst nicht den Vielen folgen und Böses tun, und bei einer Aussage in einem Rechtsstreit *sollst du dich nicht nach den Vielen richten und das Recht beugen. Auch einen Geringen sollst du in seinem Rechtsstreit nicht begünstigen.*

Wenn du dem verirrten Rind oder Esel deines Feindes begegnest, sollst du das Tier sogleich zu ihm zurückführen.

Wenn du siehst, dass der Esel deines Gegners unter seiner Last zusammengebrochen ist, dann lass ihn nicht allein, sondern richte mit ihm zusammen das Tier auf.[1]

Du sollst das Recht deines Armen in seinem Rechtsstreit nicht beugen. Von betrügerischer Sache halte dich fern. Und wer unschuldig und im Recht ist, den töte nicht, denn einen Schuldigen spreche ich nicht frei. Bestechungsgeld sollst du nicht annehmen, denn das Bestechungsgeld macht Sehende blind und verdreht die Sache derer, die im Recht sind.

Einen Fremden sollst du nicht quälen. Denn ihr wisst, wie dem Fremden zumute ist, seid ihr doch selbst Fremde gewesen im Land Ägypten.

1 Das hier nicht kursiv Gedruckte fehlt seltsamerweise in der Zürcher Bibel von 2007.

Sechs Jahre sollst du dein Land besäen und seinen Ertrag einsammeln. Im siebten aber sollst du es brachliegen lassen und nicht bestellen, und die Armen deines Volkes sollen davon essen. Und was sie übriglassen, sollen die Tiere des Feldes fressen. So sollst du auch mit deinem Weinberg und mit deinen Ölbäumen verfahren. Sechs Tage sollst du deine Arbeit tun, am siebten Tag aber sollst du ruhen, damit dein Rind und dein Esel ausruhen und der Sohn deiner Magd und der Fremde aufatmen können. Und ihr sollt achtsam sein bei allem, was ich euch gesagt habe. Den Namen anderer Götter sollt ihr nicht nennen, er soll nicht gehört werden aus deinem Mund.«

Gemeinsam ist diesen Bestimmungen der Schutz der Schwachen und Armen, der Rechtlosen. Auffällig dabei ist die Erwähnung der Fremden. Die Sozialgesetze des Bundesbuchs werden von Gesetzen, die die Fremden betreffen, gleich zu Beginn (Ex 22,20) und am Ende (Ex 23,9) gerahmt. Dem Schutz der Fremden wird ein besonderes Gewicht gegeben, »*seid ihr doch selber Fremde gewesen im Lande Ägypten*«, deshalb »*wisst ihr, wie dem Fremden zumute ist*«. Im Fremden soll Israel sich selber wiedererkennen, und zwar nicht nur durch die lebendige Erinnerung an die Befreiung aus der ägyptischen Sklaverei, sondern auch an die eigenen Urväter Abraham, Isaak und Jakob, die die Hungersnot nach Ägypten getrieben hatte (Gen 12,10; 26,1-3; 47,4).

Um welche Menschen handelt es sich bei diesen Fremden und Ausländern? »Als ›Fremde‹ (*gêr*) werden Menschen bezeichnet, die an einem Ort dauerhaft leben, wo sie von Haus aus nicht hingehören, wo sie keine Verwandtschaft und keinen Grundbesitz haben« (Crüsemann 1992, 214). Das können Menschen sein, die aus wirtschaftlicher Not in Israel einwandern. Hungersnöte und Kriege haben auch damals Menschen aus ihrer Heimat vertrieben. So suchten nach dem Untergang des Nordreichs Israel durch die Assyrer 722 v. Chr. viele Menschen Zuflucht im Südreich Juda. Das Stadtgebiet Jerusalems habe sich damals rasch ausgedehnt, neue Vorstädte seien explosionsartig entstanden, schreibt Frank Crüsemann aufgrund archäologischer Untersuchungen. Genau in dieser Zeit ist das Bundesbuch entstanden.

Zu den sozial Schwächsten in einer patriarchal geprägten Gesellschaft gehörten die Witwen und Waisen. Wenn der Vater oder ein erwachsener Sohn oder Bruder nicht für ihren Lebensunterhalt und ihre Rechte eintreten konnte, waren sie oft in ihrer Existenz bedroht und konnten leicht übers Ohr gehauen werden.

Dass dies nicht nur ein Missstand im alten Israel war, zeigt das Schicksal der Pflegekinder, das erst in neuester Zeit eine kritische Aufarbeitung gefunden hat. Man hat in der christlich geprägten Gesellschaft den Menschen zwar von Kind an die Zehn Gebote eingeschärft, von den Sozialgesetzen der Tora aber kaum Kenntnis genommen; sie wurden nicht zur kirchlichen und gesellschaftlichen Norm. Das Schicksal von Pflegekindern steht in manchen Fällen der Schuldsklaverei kaum nach, und Menschen, die es erlitten haben, leben noch in unserer Mitte.

Ex 22,24-26 *»Leihst du Geld dem Armen aus meinem Volk, der bei dir ist, so sei nicht wie ein Wucherer zu ihm. Ihr sollt ihm keinen Zins auferlegen. Nimmst du den Mantel deines*

Nächsten zum Pfand, sollst du ihm diesen vor Sonnenuntergang zurückgeben. Denn er ist seine einzige Decke, die Hülle für seine nackte Haut. Worin sonst soll er sich schlafen legen? Wenn er zu mir schreit, werde ich es hören; denn ich bin gnädig.«

Hinter diesen Bestimmungen liegt die gesellschaftliche Realität Judas zur Königszeit: Es war eine Klassengesellschaft. Da waren auf der einen Seite die Großgrundbesitzer; das konnten auch Bewohner der Städte, zum Beispiel Beamte im Umfeld des königlichen Hofes, sein, die außerhalb der Stadt über Ländereien verfügten. Grundbesitz war das entscheidende Produktionsmittel, das gesellschaftliche Macht verlieh.

Den Grundbesitzern gegenüber standen die Kleinbauern, die sich infolge von Missernten oder aus anderen Gründen schnell verschuldeten und Darlehen oder Kredite aufnehmen mussten. Diese Darlehen mussten sie natürlich innerhalb der vereinbarten Frist zurückzahlen und dazu ein Pfand leisten. Das konnte ein Gegenstand des täglichen Lebens sein. Exodus 22,25 ist von einem Mantel die Rede, ein bescheidenes Pfand. Es konnte sich aber auch um das Haus, einen Acker oder um eine Stück Vieh handeln, ja der Schuldner musste im Extremfall sogar ein Familienmitglied verpfänden.

Konnte der Schuldner die Schuld nicht zurückzahlen, verfiel er unter Umständen mit seiner Familie der Verfügungsgewalt des Gläubigers, was bis zu dauernder Schuldsklaverei führen konnte. Dem will das Zinsverbot wehren. Allerdings sind die sozialen Bestimmungen der Tora eher »Weisungen« als Gesetze, deren Nichtbeachtung strafrechtlich belangt werden kann. Sie wollen sagen: In Israel, das seine Freiheit und sein Land der Zuwendung Gottes verdankt, nimmt man von den Armen keine Zinsen; so etwas tut man nicht in Israel, es gehört sich nicht.

VOR GERICHT

Das wird auch deutlich bei den weiteren Bestimmungen des Bundesbuchs. So lesen wir Exodus 23,1-3.6-8:

»Du sollst kein nichtiges Gerücht verbreiten. Biete deine Hand nicht einem, der Unrecht tut, indem du als Zeuge Gewalt deckst. Du sollst nicht den Vielen folgen und Böses tun, und bei einer Aussage in einem Rechtsstreit sollst du dich nicht nach den Vielen richten und das Recht beugen. Auch einen Geringen sollst du in seinem Rechtsstreit nicht begünstigen […]« **Ex 23,1-3**

»Du sollst das Recht deines Armen in seinem Rechtsstreit nicht beugen. Von betrügerischer Sache halte dich fern. Und wer unschuldig und im Recht ist, den töte nicht, denn einen Schuldigen spreche ich nicht frei. Bestechungsgeld sollst du nicht annehmen, denn das Bestechungsgeld macht Sehende blind und verdreht die Sache derer, die im Recht sind.« **Ex 23,6-8**

Mit der Weisung »*Du sollst kein nichtiges Gerücht verbreiten*« sind nicht nur die angesprochen, die ein Gerücht über einen anderen Menschen in Umlauf bringen, sondern ebenso diejenigen, die es aufnehmen und ihm Glauben schenken. Gerüchte, Halbwahrheiten, Verleumdungen über einen Menschen können diesem größten Schaden zufügen, seinen Namen und seine Person in Misskredit bringen. Im Neuen Testament ist es der Apostel Jakobus, ein fleißiger Ausleger der Tora, der an diese Weisung anknüpft in seiner bedenkenswerten Glosse über die Zunge: Sie ist »*ein kleines Glied und brüstet sich doch mit großen Dingen. Seht, wie klein ist das Feuer und wie groß der Wald, den es anzuzünden vermag. Auch die Zunge ist ein Feuer – als die Welt des Unrechts erweist sich die Zunge unter unseren Gliedern*« (Jak 3,5-6).

Die Weisung, kein schädliches Gerücht zu verbreiten, bezieht sich zunächst auf das alltägliche Verhalten unter Menschen, in unserer Zeit kann man es auch auf die Welt der Medien, besonders der social media, beziehen. Aber die Weisung bezieht sich näherhin vor allem auf die Situation vor Gericht. Dass es hier mit rechten Dingen, nach Recht und Gerechtigkeit zugeht, ist ein besonderes, wiederholtes Anliegen der Tora, wie ja überhaupt Gerechtigkeit eines der ganz zentralen Themen des Alten Testaments ist. Es ist, in einem Prozess wie in der Politik, nicht in jedem Fall die Mehrheit, die das Recht auf ihrer Seite hat: »*Du sollst nicht den Vielen folgen und Böses tun, und bei einer Aussage in einem Rechtsstreit sollst du dich nicht nach den Vielen richten und das Recht beugen*« (Ex 23,2). Es gibt Bestimmungen der Tora, die ihre Zeit hatten und uns heute kaum mehr etwas zu sagen haben – von dieser kann man das wirklich nicht sagen! Hier tritt Mose dem Volk gegenüber, seine Autorität widerspricht der Mehrheit – so wie die elementaren Menschenrechte selbst einem demokratisch gefällten Mehrheitsbeschluss widersprechen und ihm Schranken setzen können. Hier ist die Tora von frappanter Aktualität.

Das gilt auch für die folgenden Bestimmungen: »*Von betrügerischer Sache halte dich fern. Und wer unschuldig und im Recht ist, den töte nicht, denn einen Schuldigen spreche ich nicht frei. Bestechungsgeld sollst du nicht annehmen, denn das Bestechungsgeld macht Sehende blind und verdreht die Sache derer, die im Recht sind*« (Ex 23,7-8). Den Realitätsbezug dieser Weisungen kann man ermessen, wenn man Gott durch den Propheten Jesaja sagen hört: »*Deine Anführer sind störrisch und Kumpane von Dieben. Jeder liebt Bestechung und jagt Geschenken nach. Der Waise verschaffen sie nicht Recht, und der Rechtsstreit der Witwe gelangt nicht vor sie*« (Jes 1,23). Und sein Wehe-Ruf richtet sich gegen die, »*die aus einem Schuldigen einen Gerechten machen gegen Bestechung und Gerechten ihre Gerechtigkeit absprechen*« (Jes 5,23).

Die Tora ist ein leidenschaftliches Bemühen, dem Unrecht, der Ungerechtigkeit, der Übermacht der Großen und Reichen Grenzen zu setzen, der Willkür, Bestechung und Korruption Einhalt zu gebieten. Hier spricht die Tora unmittelbar in unsere Welt von heute, in der Bestechung und Korruption in immer mehr Ländern zur Tagesordnung gehören, wo es immer öfter vorkommt, dass Politiker und Unternehmer um persönlicher Vorteile willen ihre Glaubwürdigkeit und Integrität aufs Spiel setzen. »*Denn Bestechung macht die Augen der Weisen blind.*«

ANWEISUNG ZUR SCHONUNG VON MENSCHEN, TIEREN UND NATUR

Noch in einer weiteren Hinsicht ist die Tora bedenkenswert; sie betrifft das Verhältnis gegenüber den Tieren. Exodus 23,4 f. bestimmt:

> *»Wenn du dem verirrten Rind oder Esel deines Feindes begegnest, sollst du das Tier sogleich zu ihm zurückführen.«* **Ex 23,4**

Hier wird einmal mehr der landwirtschaftliche Hintergrund der Tora sichtbar. »Von Anfang an setzt die Tora eine bäuerliche Ethik voraus, die von einer tiefen Verbundenheit mit den Tieren ausgeht und solche Traditionen neu als bindende Weisungen Gottes formuliert« (Crüsemann 1992, 306). Für die Tora sind die Tiere keine Sache, sondern Leben, das man schützen soll. Es ist bemerkenswert, wie die Tora des Bundesbuchs die Hilfe für das verirrte oder zusammengebrochene Tier verbindet mit der Hilfe für den Feind. Jürgen Ebach bietet dazu eine schöne Auslegung: »Die Fürsorge für das entlaufene oder gestrauchelte Tier darf nicht aufhören, wenn es einem Feind gehört. Das ist das eine. Man soll keinen Menschen so hassen oder entgegengebrachte Anfeindung so vergelten, dass man die elementare Hilfeleistung unterlässt [...].

Das wäre das andere. Und dann gibt es ein drittes. Nicht ausgesprochen, aber doch im Blick ist die Möglichkeit, dass das gemeinsame Aufrichten des zusammengebrochenen Tieres etwas an dem feindlichen, von Hass bestimmten Verhältnis zwischen den beiden Menschen ändert. Auch dann wäre das Tier kein bloßes Mittel. Sein Ergehen bliebe das Ziel der gemeinsamen Hilfe. Doch in der solidarischen Hilfe könnten die beiden ihre Feindschaft vergessen. Die gemeinsame Zuwendung zu dem in dieser Situation *ganz* Hilfsbedürftigen – hier dem Tier – könnte ein Schritt konkreter Entfeindungspraxis, tätiger Feindesliebe sein« (Ebach 1995, 51 f.).

Eine weitere für die Tora signifikante Anweisung ist das Gebot des Sabbatjahres, das sich mit bemerkenswerten Änderungen in allen drei Rechtssammlungen, dem Bundesbuch, dem Deuteronomium und dem priesterschriftlichen Heiligkeitsgesetz findet. Es ist eine Anweisung zur Schonung.

»Sechs Jahre sollst du dein Land besäen und seinen Ertrag einsammeln. Im siebten aber sollst du es brachliegen lassen und nicht bestellen, und die Armen deines Volks sollen davon essen. Und was sie übriglassen, sollen die Tiere des Feldes fressen. So sollst du auch mit deinem Weinberg und mit deinen Ölbäumen verfahren.« Ex 23,10-11

Auch hier ist der bäuerliche Hintergrund des Bundesbuches mit Händen zu greifen. Man muss sich einmal vorstellen, welche Zumutung diese Forderung an die Bauern stellte, besonders an die Kleinbauern. Sie bedeutete, buchstäblich verstanden, dass sie ein Jahr lang auf die Produktion hätten verzichten, aber nichtsdestoweniger sich und ihre Familie ernähren müssen. Man stellt sich unwillkürlich die Frage, was denn der Bauer während dieses Jahres gearbeitet hat; er wäre wohl verarmt und zum Schuldsklaven geworden. Diese

Probleme waren natürlich den von diesem Gebot Angesprochenen bewusst, und sie versuchten, es auf eine praktikable Weise umzusetzen, vielleicht indem sie ihr Grundstück in sieben Parzellen einteilten, von denen sie jeweils eine davon ein Jahr lang brachliegen ließen. »Die Brache im siebten Jahr ist [...] ein Verzicht auf zivilisatorische Nutzung [...] und zielt damit auf eine regelmäßige Wiederherstellung des ursprünglichen Zustands (*restitutio ad integrum*). Auch mit dieser Verzichtsleistung sollten wahrscheinlich der Schöpfer der natürlichen Welt geehrt und gleichzeitig die Segenskräfte des Ackers gesichert werden. Die Sinnhaftigkeit speiste sich dabei aus der Erfahrung, dass die Brache die natürlichen Wachstumskräfte des – damals noch nicht chemisch gedüngten – Ackers in der Tat stärkte. Dabei ist wahrscheinlich an einen individuell auf jeden einzelnen Acker zugeschnittenen Bracherhythmus gedacht« (Albertz 2015, 123).

Das Besondere des Sabbatjahres nach dem Bundesbuch liegt in der Verbindung seines ökologischen und seines sozialen Sinns. Nicht nur die Menschen bedürfen der Ruhe, auch die Natur braucht Zeiten der Ruhe und der Schonung. Sie soll nicht pausenlos und restlos beansprucht, bearbeitet und ausgebeutet werden; sie soll sich erholen können. Diese Einsicht war ja während langer Zeit auch bei uns lebendig und fand ihre Realisierung in der Dreifelderwirtschaft, nach welcher jeweils ein Drittel der landwirtschaftlichen Fläche während eines Jahres als Brachland aus der Produktion ausgeschieden wurde.

Die Tora geht da weiter, indem sie vorschreibt, dass nicht das gesamte bebaubare Land samt den Weinstöcken und Ölbäumen bewirtschaftet werden soll. Mit dieser ökologischen Bedeutung verbunden ist zugleich ein sozialer Aspekt: Was von selbst auf der Brache, in den Weinbergen und an den Ölbäumen gedeiht und Frucht bringt, soll den Armen und den wilden Tieren (auch hier wieder: die Tiere, sogar die wilden!) zur Nahrung dienen. Das heißt nichts anderes, als dass der Bauer nicht der eigentliche Eigentümer der Erde war, sondern sie bloß treuhänderisch besorgte und also dafür zu sorgen hatte, dass sie nicht nur ihm ermöglichte, das Leben zu fristen, sondern auch den Armen, die selbst über kein Land verfügten; und eben auch dafür hatte er zu sorgen, dass das ihm anvertraute Land in seiner Lebenskraft erhalten blieb.

Mit Exodus 23,19 schließt das Bundesbuch. Bevor es zum feierlichen Bundesschluss kommt, werden dem Volk in Exodus 23,20-33 eine Verheißung zugesprochen und eine Mahnung auferlegt. Beide, Verheißung und Mahnung, stehen in einem seltsamen Widerspruch zu den sozialen und ökologischen Bestimmungen des Bundesbuchs. Denn hier geht es nicht um Schonung. Verheißen wird dem Volk, dass ein Gottesbote, ein Engel, ihm vorausziehen, es behüten und sicher ins verheißene Land führen wird. Aber nicht nur ein Engel wird den Israeliten vorausgehen, sondern »*meinen Schrecken werde ich vor dir her senden und jedes Volk, zu dem du kommst, in Verwirrung bringen, und ich werde dir den Nacken aller deiner Feinde preisgeben. Und ich werde die Hornissen vor dir her senden, und sie werden die Chiwwiter, die Kanaaniter und die Hetiter vor dir vertreiben.*« Aber diese Vertreibung soll nicht zu rasch erfolgen, sonst könnten ja die wilden Tiere überhandnehmen. »*Nach und nach will ich sie vor dir vertreiben, bis du so fruchtbar geworden bist, dass du das Land in Besitz nehmen kannst.*« Und dann werden noch die Grenzen des verheißenen Landes beschrieben: vom Schilfmeer (gemeint ist wohl der Golf von Akaba) bis zum Mittelmeer, von der Wüste im Süden, dem Negev, bis zum Euphrat. Bei dieser Grenzbeschreibung, meint Rainer Albertz, sei »*wohl das Ideal des davidischen Großreichs*« vor Augen gestanden, »*das allerdings nie eine solche Größe besessen hatte*« (Albertz 2015, 133).

Die Verheißung der Vertreibung der ansässigen Bevölkerung spielt in unserer Zeit eine verhängnisvolle Rolle: Israelische Siedler, die sich widerrechtlich palästinensisches Land aneignen und die auf Expansion ausgerichteten israelischen Politiker berufen sich gern auf solche biblischen Verheißungen. Sind solche Texte schon an sich fragwürdig, werden sie es erst recht, wenn heutige Politik sie für sich in Anspruch nimmt. Die Mahnung, die in Exodus 23,20 ff. ausgesprochen wird, richtet sich gegen die Versuchung, dass Israel sich zu den Göttern der einheimischen Völker verführen lassen und von seinem Gott, dem es die Freiheit verdankt, abwenden könnte. Ja, die Vertreibung dieser Völker hat wohl gerade in dieser Versuchung ihren eigentlichen Grund. Damit Israel nicht fremden Göttern dient, müssen die Anhänger dieser Götter vertrieben werden.

DER BUND

Doch nun kommt es in Exodus 24,1-8 endlich zum Bundesschluss. Mose verkündet dem Volk die ihm von Gott diktierten Weisungen.

Ex 24,3 *»Und das Volk antwortete mit einer Stimme und sprach: Alle Worte, die der Herr geredet hat, wollen wir tun.«*

Ein Altar wird errichtet, und es werden junge Stiere als Brandopfer dargebracht. Zur Besiegelung des nun geschlossenen Bundes sprengt Mose das Blut der Opfertiere über das Volk:

Ex 24,8 *»Seht, das ist das Blut des Bundes, den der HERR mit euch geschlossen hat.«*

Der feierliche Bundesschluss hat noch ein merkwürdiges Nachspiel (Ex 24,9-11 im Anschluss an 24,1). Mose, Aaron,

Nadab und Abihu und siebzig von den Ältesten Israels steigen auf den Berg.

»Und sie sahen den Gott Israels, und unter seinen Füßen war ein Gebilde wie aus einer Platte von Lapislazuli und klar wie der Himmel selbst.« **Ex 24,10**

Dabei kann doch ein Mensch das Angesicht Gottes nicht schauen. Aber die Männer erblicken auch nicht Gottes Angesicht. Was sie sehen, ist gerade nur der Schemel, auf dem der Thron Gottes steht, mehr nicht. Und schon das ist für sie ein Augenblick größter und schönster Gottesnähe, den sie dann auch mit Essen und Trinken feiern. Dass der Schemel aus Lapislazuli besteht und klar wie der Himmel ist, kann ein Hinweis sein, dass der Abschnitt Exodus 24,9-11 frühestens aus der Exilszeit stammt, weil er Elemente babylonischer Kulttraditionen aufgreift, nach denen der himmlische Thron des Gottes Marduk auf einer Lapislazuliplatte steht – das Blau des Halbedelsteins symbolisiert den Himmel. »So könnte«, meint Rainer Albertz, »das kleine Traditionsstück direkt im Kulturkontakt mit den Babyloniern unter den Exilierten entstanden sein« (Albertz 2015, 141).

Der Bund ist ein zentrales Thema des Alten Testaments. Schon der Begriff »Altes Testament« besagt ja nichts anderes als »der alte, bzw. der erste Bund«, wobei gemeint ist: der Bund zwischen Gott und seinem Volk Israel. Demgegenüber bezeugt das Neue Testament den neuen, den zweiten Bund, der durch Jesus Christus über Israel hinaus für alle Völker offen ist. Bereits mit Abraham hat Gott einen Bund geschlossen. »*Ich bin der HERR, der dich aus Ur in Chasdäa herausgeführt hat, um dir dieses Land in Besitz zu geben*« (Gen 15,7) – »herausgeführt«, schon damals ein Exodus! »*An jenem Tag schloss der HERR mit Abram einen Bund, er sprach: Deinen Nachkommen gebe ich dieses Land, vom Strom Ägyptens bis zum großen Strom, dem Euphrat*« (Gen 15,18).

Daran knüpft dann Exodus 2,24 an, wo es heißt, Gott habe das Seufzen der unterdrückten Israeliten in Ägypten gehört, »*und Gott gedachte seines Bundes mit Abraham, Isaak und Jakob*«. In Genesis 12,1-3 soll Abraham darüber hinaus zum Segen für alle Sippen der Erde werden – schon fast neutestamentlich!

Ein Bund begründet und verlangt gegenseitige Verpflichtung und Treue. Der Bundesschluss am Sinai bringt es genau zum Ausdruck: Gott hat seine Verpflichtung eingehalten, indem er Israel aus der Gewalt der Ägypter befreit hat und ihm auf seiner Wanderung in der Wüste beigestanden ist. Mit den Zehn Geboten und dem Bundesbuch hat er Israel kundgetan, was er nun von ihm erwartet. Im Bundesschluss von Exodus 24 verpflichtet sich Israel seinerseits zur Treue gegenüber seinem Gott. Doch Israel wird diesen Bund immer wieder übertreten. Bei den Propheten liest man die Klage darüber, dass Israel den Bund mit seinem Gott bricht und damit in neue Sklaverei und Fremdherrschaft gerät, während Gott dem Bund treu bleibt.

Besonders schön findet das seinen Ausdruck beim Propheten Jeremia. Da heißt es etwa – und man beachte, wie hier der Exodus und der Sinai-Bund überboten werden durch etwas ganz Neues:

»Sieh, es kommen Tage, Spruch des HERRN, da schließe ich einen neuen Bund mit dem Haus Israel und mit Jer 31,31-34

dem Haus Juda, nicht wie der Bund, den ich mit ihren Vorfahren geschlossen habe an dem Tag, da ich sie bei der Hand nahm, um sie herauszuführen aus dem Land Ägypten; denn sie, sie haben meinen Bund gebrochen, obwohl doch ich mich als Herr über sie erwiesen hatte! Spruch des HERRN. Dies ist der Bund, den ich mit dem Haus Israel schließen werde nach jenen Tagen, Spruch des HERRN: Meine Weisung [Tora] habe ich in ihre Mitte gegeben, und in ihr Herz werde ich sie ihnen schreiben. Und ich werde ihnen Gott sein, und sie, sie werden mir Volk sein. Dann wird keiner mehr seinen Nächsten und keiner seinen Bruder belehren und sagen: Erkennt den HERRN! Sondern vom Kleinsten bis zum Größten werden sie mich alle erkennen, Spruch des HERRN, denn ich werde ihre Schuld verzeihen, und an ihre Sünden werde ich nicht mehr denken.«

Der Ägyptologe Jan Assmann schreibt: »Das Neue, das mit der Bundestheologie in die Welt kommt, ist die Idee eines Volkes, das nicht auf Abstammung, Land, Sprache, souveräne Herrschaft, sondern auf ein göttliches

Gesetz gegründet ist: die Tora. Daher hat Heinrich Heine sie in seinen *Geständnissen* (1854) ein ›portatives Vaterland‹ genannt: ein Buch, das eine Masse ausgewanderter Sklaven zum Gottesvolk formt und ihm zur unverlierbaren Heimat wird, unabhängig von Land und Grenzen, Staat und Institutionen, Tempel, Priester und Altar« (Assmann 2015, 232).

Und Sigmund Freud hat in seiner Schrift *Der Mann Moses und die monotheistische Religion* von 1939 geschrieben (ich verdanke das Zitat ebenfalls Jan Assmann): »Von allen Völkern, die im Altertum um das Becken des Mittelmeers gewohnt haben, ist das jüdische Volk nahezu das einzige, das heute dem Namen und wohl auch der Substanz nach noch besteht.« Und eben dies dürfte zusammenhängen mit der Tora, dem »portativen Vaterland«, der Bundesurkunde Israels.

DER GEBROCHENE BUND: DAS GOLDENE KALB

Erneut befiehlt Gott den Mose zu sich auf den Berg, damit er ihm die Steintafeln aushändigen kann, auf die er selbst die Zehn Gebote geschrieben hat.

Ex 24,13-14 »*Da machte sich Mose mit seinem Diener Josua auf und stieg den Gottesberg hinan. Zu den Ältesten aber sagte er: Wartet hier auf uns, bis wir zu euch zurückkehren. Seht, Aaron und Hur sind hier bei euch. Wer eine Rechtssache hat, wende sich an sie.*«

Die Israeliten werden lange warten müssen. Denn

Ex 24,18 »*Mose war auf dem Berg vierzig Tage und vierzig Nächte.*«

Während diesen vierzig Tagen gibt Gott Mose detaillierte und genaue Instruktionen zum Bau des Heiligtums, des Zeltes der Begegnung und dessen Herzstück, der Bundeslade, in welcher die Steintafeln aufbewahrt werden sollen. Alle Einzelheiten werden hier beschrieben, von den Maßen und Materialien für das Zelt, dem Opferaltar, dem Vorhof, bis zu den Gewändern der Priester und deren Einsetzung und dem Auftrag an die Handwerker und Künstler, die das alles ausführen sollen.

Dies alles ist in Exodus 25,1-31,17 beschrieben, in ganzen sieben Kapiteln! Erst in Exodus 31,18 wird der Faden der Erzählung, die in Exodus 24,18 stehengeblieben ist, wieder aufgenommen. Endlich, nach vierzig Tagen und Nächten in der Gegenwart Gottes auf dem Berg, kommt Mose wieder herunter:

»Und als er [Gott] aufhörte mit Mose zu reden auf dem Berg Sinai, gab er ihm die beiden Tafeln des Zeugnisses, Tafeln aus Stein, beschrieben vom Finger Gottes.« **Ex 31,18**

In dieser langen Zeit ist unten am Berg Unerhörtes geschehen. Damit setzt Kapitel 32 ein:

Ex 32,1-6 *»Das Volk aber sah, dass Mose lange nicht vom Berg herabkam. Da versammelte sich das Volk um Aaron, und sie sprachen zu ihm: Auf, mache uns Götter, die vor uns herziehen. Denn dieser Mose, der Mann, der uns aus dem Land Ägypten heraufgeführt hat – wir wissen nicht, was mit ihm geschehen ist. Da sprach Aaron zu ihnen: Reißt die goldenen Ringe ab, die eure Frauen, eure Söhne und eure Töchter an den Ohren tragen, und bringt sie mir. Da rissen sich alle die goldenen Ringe ab, die sie an ihren Ohren trugen, und brachten sie Aaron. Und er nahm es aus ihrer Hand und bearbeitete es mit dem Meißel und machte daraus ein gegossenes Kalb. Da sprachen sie: Das sind deine Götter, Israel, die dich aus dem Land Ägypten heraufgeführt haben! Und Aaron sah es und baute davor einen Altar. Und Aaron rief und sprach: Morgen ist ein Fest für den HERRN. Und früh am andern Morgen opferten sie Brandopfer und brachten Heilsopfer dar, und das Volk setzte sich, um zu essen und zu trinken. Dann standen sie auf, um sich zu vergnügen.«*

Eine klare Übertretung des ersten Gebots »*Du sollst keine anderen Götter neben mir haben*«; so denkt man gleich. Doch darum geht es nicht. Denn das goldene Kalb repräsentiert nicht eine andere Gottheit, sondern niemand anderen als JHWH. Das geht eindeutig hervor aus den Worten »*Das sind deine Götter, die dich aus dem Land Ägypten heraufgeführt haben*« und aus der Bemerkung, Aaron habe zu einem Fest für den HERRN, also für JHWH aufgerufen. Mit der Herstellung und Präsentation des Stierbildes wird also nicht das erste, sondern das zweite Gebot, das Bilderverbot, übertreten. »Das Volk Israel hatte nach dem Exodus, der Befreiung aus dem ägyptischen Sklavenhaus, den beschwerlichen Weg durch die Wüste zu bewältigen. Die *Freiheit* wollte man wohl gern, doch der end- und ziellos scheinende Weg der *Befreiung* wird zur Last. Woran soll man sich in der permanenten Unsicherheit festhalten? Am bloßen Wort eines Gottes, der verhüllt in Wolke und Feuerschein auf dem Weg vorangeht, doch selbst nicht zu sehen, nicht zu *begreifen* ist? Ein Gott, der stets voraus, doch nie zu haben ist? So kommt es, dass das Volk einen sichtbaren Gott haben will, einen Gott zum Anfassen, einen Gott, in dem man sehen kann, was einem und einer selbst wertvoll ist. Der Priester Aaron folgt diesem Bedürfnis, er lässt ein goldenes Stierbild verfertigen (ein goldenes *Kalb*, wie man meist sagt, ist das nicht, sondern ein mächtiger, starker potenter Jungstier). Das Volk will keinen *anderen* Gott als den, der es befreit hat, es will diesen Gott *anders*, nicht voraus und verhüllt, nicht im Wort allein« (Ebach 2004, 33).

Nun hat auch die Geschichte vom goldenen Stierbild einen historischen Hintergrund. Es sind die Vorgänge rund um die Reichsteilung. Nach dem Tod König Salomos im Jahre 926 v. Chr. bedrückte dessen Nachfolger Rehabeam die Bevölkerung Nordisraels mit schweren Frondiensten, was zum Aufstand der Nordstämme führte, an dessen Spitze sich Jerobeam setzte, der zum König des nun von Juda und Jerusalem getrennten Nordreichs eingesetzt wurde. Bereits hinter der Erzählung von der Unterdrückung der Israeliten durch den ägyptischen Pharao stehen wohl die historischen Ereignisse rund um die Reichsteilung, die auf die ägyptische Unterdrückung übertragen wurden. Nun ist auch die Geschichte vom goldenen Kalb geprägt von Vorgängen, die sich nach der Reichsteilung im neu entstandenen Nordreich ereignet haben. Davon berichtet das 12. Kapitel des 1. Buchs der Könige. Der zum König des Nordreichs aufgestiegene Usurpator Jerobeam fürchtete, seine Untertanen könnten weiterhin nach Jerusalem pilgern, um an den Festen im Tempel teilzunehmen. Und dann bestehe die Gefahr, dass sie zu Rehabeam, dem König von Juda, zurückkehren könnten. Also musste das Nordreich ein eigenes Heiligtum, ein eigenes kultisches Zentrum bekommen. Jerobeam »*ließ sich beraten und fertigte zwei goldene Kälber an. Dann sprach er zu ihnen: Lange genug seid ihr nach Jerusalem hinaufgezogen! Sieh, Israel, das sind deine Götter, die dich heraufgeführt haben aus dem Land Ägypten.* [Es sind die genau gleichen Worte wie Exodus 32,4b!] *Und das eine stellte er in Bet-El auf, und das andere brachte er nach Dan. Dies aber war eine Sünde*« (1Kön 12,28-30).

Die Vorgänge rund um die Reichsteilung in 1. Könige 12 sind aus der Sicht Judas und Jerusalems geschildert, und deshalb werden Jerobeam als Abtrünniger und seine Errichtung der goldenen Stierbilder als schwerste Übertretung des Bilderverbots dargestellt. Das erste Königsbuch spricht über Jerobeam ein vernichtendes Urteil. Er und seine Nachfolger sind es letztlich, die zum Untergang des Nordreichs Israel geführt haben:

»Der HERR wird Israel schlagen, dass es schwanken wird wie das Rohr im Wasser. Und er wird Israel ausreißen aus diesem guten Land, das er ihren Vorfahren gegeben hat, und jenseits des Stroms [dem Euphrat] wird er sie zerstreuen [...] Und er wird Israel preisgeben der Sünden Jerobeams wegen, die dieser begangen und zu denen er Israel verführt hat« (1Kön 14,15-16). Das ist eine deutliche Anspielung auf die Eroberung des Nordreichs Israel und der Deportation seiner Einwohner durch die Assyrer im Jahre 722 v. Chr. – zwei Jahrhunderte nach Jerobeam. Das vernichtende Urteil ist aus der Sicht Judas und Jerusalems gesprochen, im Norden wird man die Unabhängigkeit als Befreiung vom Diktat Jerusalems und Jerobeam als Befreier, sozusagen als neuen Mose, gesehen haben; und die goldenen Stierbilder in Bet-El und Dan sollten ja nicht andere Götter, sondern JHWH repräsentieren.

Aber dass man das Stierbild wählte, das etwa auch für den kanaanitischen Fruchtbarkeitsgott Baal stand, zeigt, dass die Übertretung des Bilderverbots doch auch die Missachtung des ersten Gebots zur Folge hatte. Es ist übrigens möglich, dass hinter dem zweiten Gebot des Dekalogs, dem Bilderverbot, die historische Erfahrung dieser Vorgänge im Nordreich steht.

Im Jahre 587 v. Chr. ging es auch mit dem Südreich, dem Staat Juda, zu Ende. Jerusalem wurde von den Babyloniern erobert, der Tempel zerstört und ein Teil seiner Bewohner nach Babylon deportiert. In der Sicht der Propheten war dieser Untergang eine Folge davon, dass man auch in Juda und Jerusalem den Gottesbund gebrochen und sich anderen Gottheiten zugewandt hatte. So konnte jetzt das goldene Stierbild, das ursprünglich im Nordreich beheimatet war, auch für Juda und damit für ganz Israel zur Chiffre des Abfalls, zur Ursünde werden und in diesem Sinne in die Exodusgeschichte eingetragen werden. So spricht einiges dafür, dass die Erzählung vom goldenen Kalb in Exodus 32 in der Spätzeit des babylonischen Exils entstanden ist und, weil ganz Israel betreffend, in dessen Gründungsgeschichte, den Exodus, integriert wurde (vgl. dazu R. Albertz, Exodus 2015, 282 f.).

Nehmen wir aber den Faden der Erzählung wieder auf. Mose steigt mit Josua nach den vierzig Tagen endlich vom Berg herunter. Gott sagt zu Mose:

Ex 32,7-8 *»Geh, steige hinab. Denn dein Volk, das du aus Ägypten heraufgeführt hast, hat schändlich gehandelt. Schon sind sie abgewichen von dem Weg, den ich ihnen geboten habe.«*

Die Sprache verrät den Zorn Gottes: Er redet nicht mehr von »*meinem* Volk, das *ich* aus Ägypten heraufgeführt habe«. Er distanziert sich von diesem Volk. Ja, in seinem Zorn denkt er daran, es zu vernichten. Aber Mose macht sich zum Anwalt Israels. »*Da besänftigte Mose den HERRN, seinen Gott*«, hebräisch *waj'chal mosche* (Ex 32,11). Jürgen Ebach macht darauf aufmerksam, dass die Rabbinen, die jüdischen Ausleger, die Wendung *waj'chal* nicht von dem Verb *chala*, »besänftigen«, abgeleitet haben, sondern vom Verb *chalal*, »entbinden, lösen«, und Exodus 32,11 so verstanden: »Und Mose löste Gott.« »Mose also entband danach Gott von dem Gelübde, das Volk vernichten zu wollen. Denn wie sollte Gott der schrecklichen Alternative entgehen, entweder Unwahres angekündigt zu haben oder die Wahrheit auf Leichenbergen zu errichten, den Untergang des Gottesvolkes zum Preis für die eigene Wahrheit zu zahlen?

Mose entbindet Gott von dieser verhängnisvollen Alternative. Gottes Gott-Sein hängt nicht daran, das Angedrohte auch ausführen zu müssen. Gott verliert nicht das Gesicht, wenn dieses Gesicht Reue zeigt. Es war an Mose, einem ganz und gar nicht x-beliebigen Menschen, aber einem *Menschen*, Gott zur Reue als einer Macht über die Macht zu verhelfen« (Ebach 2016, 195 f.).

Ebachs Äußerungen beziehen sich auf den ersten Artikel des Apostolischen Glaubensbekenntnisses über Gottes Allmacht). In Psalm 106,23 ist dieses Motiv aufgenommen: »*Da gedachte er [Gott], sie zu verderben, wäre nicht Mose, sein Erwählter, vor ihm in die Bresche getreten.*« Mose bringt auch ein gutes Argument: Die Ägypter würden sich darüber freuen, wenn Gott »in böser Absicht« die Israeliten nur dazu befreit hätte, »*um sie in den Bergen umzubringen*« (Ex 32,12). Mose erinnert Gott an die Verheißung, die er Abraham, Isaak und Jakob geschworen hat. »*Da reute es den HERRN, dass er seinem Volk*« – nun ist es wieder *sein* Volk – »*Unheil angedroht hatte.*«

Dafür ist jetzt Mose zornig:

Ex 32,17-20 *»Da hörte Josua das lärmende Geschrei des Volkes. Und er sprach zu Mose: Im Lager ist Kriegslärm! Er aber sprach: Das klingt nicht wie ein Siegeslied und auch nicht wie ein Klagelied; ich höre einen anderen Gesang. Und als er sich dem Lager näherte, sah er das Kalb und die Reihentänze. Da entbrannte der Zorn des Mose, und er warf die Tafeln hin und zerschmetterte sie unten am Berg. Dann nahm er das Kalb, das sie gemacht hatten, und verbrannte es im Feuer und zerstampfte es, bis es Mehl war, und streute es auf das Wasser und ließ die Israeliten trinken.«*

Und dann nimmt die Geschichte ein scheußliches Ende:

Ex 32,26-28 *»Und Mose trat vor das Tor des Lagers und sprach: Her zu mir, wer für den HERRN ist! Da sammelten sich alle Leviten um ihn. Er aber sprach zu ihnen: So spricht der HERR, der Gott Israels: Es lege sich ein jeder das Schwert an die Hüfte. Zieht hin und her im Lager von Tor zu Tor, und es töte ein jeder seinen Bruder, jeder seinen*

Freund und jeder seinen Verwandten. Und die Leviten handelten nach dem Wort des Mose. So fielen vom Volk an diesem Tag an die dreitausend Mann.«

Man möchte diese Verse am liebsten aus der Bibel entfernen. Es gibt da nichts zu beschönigen, auch wenn sich dieses Abschlachten in der Realität wohl kaum ereignet hat. Nur wäre es ein Kurzschluss zu meinen, das sei nun eben der Geist des Alten Testaments. Gewiss, solche schlimmen Texte stehen darin. Aber sie stehen in keiner Weise für das Alte Testament. Ärgern wir uns also über sie und lassen wir sie so stehen.

GOTTES ZWEI SEITEN

In Exodus 32,30-33,23 und 34,1-9;27-35 steht Mose im Mittelpunkt; er spielt eine entscheidende Rolle: Er ist Vermittler zwischen dem zornigen Gott und seinem ungehorsamen Volk. Nachdem die Übeltäter auf so üble Weise aus Israels Mitte entfernt sind, steigt Mose erneut zu Gott hinauf; »*vielleicht kann ich Sühne erwirken für eure Sünde*« (Ex 32,30), ja, er will stellvertretend für sein Volk die Sühne auf sich nehmen, was Gott aber nicht akzeptiert. Kapitel 33 berichtet von den nun folgenden Interaktionen zwischen Gott, Mose und dem Volk. Gott ist gewillt, Israel nicht zu vernichten, sondern es den Weg ins verheißene Land ziehen lassen. Allerdings werde er selbst, Mose, nicht länger in der Mitte dieses halsstarrigen Volkes hinaufziehen:

Ex 33,3 *»Ich könnte dich sonst auf dem Weg vernichten.«*

Stattdessen wird ein Gottesbote, ein Engel, dem Volk vorangehen. Nun trauern auch die Israeliten über das, was sie mit dem goldenen Kalb angerichtet haben.

Ex 33,5-6 *»Nun lege deinen Schmuck ab, dann will ich sehen, was ich für dich tun kann. Da entledigten sich die Israeliten ihres Schmuckes, vom Berg Choreb an.«*

Ohne ihren Schmuck, in der Haltung der Buße, werden sie nun ihren weiteren Weg fortsetzen. Damit ist die Voraussetzung zur Versöhnung und zur Erneuerung des gebrochenen Bundes geschaffen. Die selbstlose Initiative des Mose ist dafür entscheidend. Mit ihm redet Gott »*von Angesicht zu Angesicht, wie ein Mensch mit einem andern redet*« (Ex 33,11). Aber Gottes Angesicht kann selbst Mose nicht schauen, »*denn ein Mensch kann mich nicht sehen und am Leben bleiben*«. Nur ganz flüchtig kann Mose seinen Gott im Vorübergehen von hinten sehen, nur seine Rückseite (Ex 33,20-23). Schalom ben Chorin meint, »von hinten« sei geschichtlich zu verstehen. Gott erkennt man im irdischen Geschehen nicht, wenn er bzw. es auf einen zukommt und man mittendrin ist. Höchstens wenn er bzw. es vorbeigegangen ist, kann man, im Rückblick, erkennen.

Im Buch Exodus zeigt Gott sich mit zwei Seiten, einer hellen und einer dunklen Seite. Er ist der sich erbarmende, der befreiende, rettende Gott, er ist auch der zornige Gott, der sich abwenden, ja, der vernichten kann. Die dunkle Seite ist die Kehrseite seiner hellen Seite. Wenn sein Erbarmen, seine Befreiung und Errettung in Frage gestellt, seine befreienden Gebote missachtet werden, muss er gerade um der Gültigkeit und Wahrheit seiner befreienden Tat willen die Missachtung ahnden, kann sie nicht einfach hinnehmen. Wer nur die eine Seite Gottes wahrnimmt, der macht sich ein Bild Gottes, *sein* Gottesbild. Wer nur den gnädigen Gott will, macht die Gnade zum absoluten Prinzip. Gottes Gnade wird dann zur »billigen Gnade« (Dietrich Bonhoeffer), die für das Leben und Verhalten der Menschen folgenlos bleibt. Sie kann keine Früchte der Liebe und der Gerechtigkeit hervorbringen. Wer nur die dunkle Seite sieht, macht Gott zu einem strafenden Götzen, dem gegenüber nur die Angst bleibt – oder die dezidierte Gottlosigkeit. An der Spannung zwischen den beiden Seiten Gottes arbeitet sich das Buch Exodus ab, und darüber hinaus die ganze Bibel. Gott ist kein starres Prinzip, sondern eine lebendige Wahrheit, welche die Menschen befreit und, indem sie sie befreit, in Anspruch nimmt und in Bewegung bringt.

Genau dies bringt nun das 34. Kapitel zum Ausdruck. Es ist das letzte erzählende Stück des Exodusbuchs, und es geht darin um die Erneuerung und Wiederherstellung des gebrochenen Bundes. Mose bekommt von Gott den Befehl, zwei neue Steintafeln zurechtzuhauen. »*Dann will ich auf die Tafeln die Worte schreiben, die auf den ersten Tafeln gestanden haben, die du zerschmettert hast«* (Ex 34,1). So steigt Mose mit den Steintafeln noch einmal den Berg hinauf. »*Der HERR aber fuhr in der Wolke herab und trat neben ihn.*« Und dann folgen die Worte, die eben jene beiden Seiten Gottes zum Ausdruck bringen, den beiden Seiten aber nicht das gleich große Gewicht geben:

»Und der HERR ging an ihm vorüber und rief: Der HERR, der HERR, ein barmherziger und gnädiger Gott, langmütig und von großer Gnade und Treue, der Gnade bewahrt Tausenden, der Schuld, Vergehen und Sünde vergibt, der aber nicht ungestraft lässt, sondern die Schuld der Vorfahren heimsucht an Söhnen und Enkeln, bis zur dritten und vierten Generation. Und sogleich neigte sich Mose zur Erde und warf sich nieder und sprach: Wenn ich Gnade gefunden habe in deinen Augen, Herr, so gehe der Herr in unserer Mitte. Wohl ist es ein halsstarriges Volk, doch vergib unsere Schuld und unsere Sünde, und nimm uns an als dein Eigentum. Da sprach **Ex 34,6-10**

er: Sieh, ich schließe einen Bund. Vor deinem ganzen Volk werde ich Wunder tun, wie sie auf der ganzen Erde und unter allen Völkern nicht geschaffen worden sind. Und das ganze Volk, in dessen Mitte du bist, wird das Werk des HERRN sehen.«

Gottes Gnade und Treue gilt Tausenden – gemeint ist Tausenden Generationen –, die Schuld der Vorfahren soll bis zur dritten und vierten Generation heimgesucht werden. Man kann in diesen Worten wohl so etwas wie die Quintessenz der Spannung zwischen den beiden Seiten Gottes sehen, wie sie uns das Buch Exodus zeigt. Gnade, Treue, Vergebung haben vor der strafenden Heimsuchung einen Überschuss, ein größeres Gewicht. Sie sind das letzte und letztlich entscheidende Wort Gottes.

DIE AUTORITÄT DES MOSE

»Sieh, ich schließe einen Bund.« Ex 34,10

Davon, dass das Volk den erneuerten Bund bestätigt, ist hier nicht die Rede. Einseitig beschließt Gott, den Bund zu erneuern. Wiederum bleibt Mose vierzig Tage und vierzig Nächte bei dem HERRN ohne etwas zu essen und zu trinken, und schreibt *»auf die Tafeln die Worte des Bundes, die zehn Worte«* (Ex 34,28). Als er mit den beiden beschriebenen Tafeln vom Berg zu seinem Volk herabsteigt, sei die Haut seines Gesichts strahlend gewesen, dass Aaron und die Israeliten sich so sehr fürchteten, sich ihm zu nähern, dass er sich, wenn er mit den Leuten redete, eine Hülle über sein Gesicht legte. Die lateinische Bibelübersetzung, die auf Hieronymus zurückgehende Vulgata, hat diese Stelle falsch übersetzt: Moses Gesicht sei gehörnt erschienen, heißt es dort. Deshalb hat die mittelalterliche Buchmalerei, die sich auf die Vulgata stützte, Mose mit Hörnern auf dem Haupt dargestellt. Aber es war ein leuchtender Strahlenkranz. Mit dieser eigenartigen Auszeichnung wird noch einmal die besondere Würde und Bedeutung des Mose im Geschehen zwischen JHWH und seinem Volk unterstrichen.

»Moses leuchtendes Angesicht sollte als ein Widerschein des göttlichen Angesichts Israel weiter begleiten (Ex 33,14), er sollte nunmehr an Stelle JHWHs inmitten des Volkes anwesend sein (Ex 34,10). Damit kam Mose [...] die Rolle eines personalen Heilsmittlers zu. Er war der Repräsentant einer schonenden Form der Gottesnähe, die auch dem sündig gewordenen Volk eine Existenz mit JHWH ermöglichte. Und er war in seiner Person der Garant des erneuerten Bundes, durch den die Geschichte JHWHs mit seinem Volk trotz Israels Treulosigkeit weitergehen konnte« (Albertz 2015, 322).

So ist Mose, ganz unabhängig davon, wie weit er eine historische Figur ist, nicht nur im Buch Exodus, sondern im ganzen Alten Testament *die* überragende Gestalt. Er hat keine Dynastie begründet – seine beiden Söhne spielen im Weiteren keine Rolle –; er vertritt weder die Interessen eines der zwölf Stämme noch irgendwelcher sozialer und politischer Gruppen. Er ist unabhängig und niemandem gegenüber verpflichtet außer seinem Gott.

Darauf beruht seine Autorität. Mose gehört zu Israel und steht doch seinem Volk gegenüber. Er hat Israel aus Ägypten in die Freiheit geführt, er hat ihm die Tora, die Weisungen JHWHs, übermittelt. Er hat sich für Gott bei seinem Volk bis zum Äußersten eingesetzt und hat sich umgekehrt zum Fürsprecher und Anwalt seines Volkes bei Gott gemacht. Kein anderer Mensch hat im Alten Testament eine solch bedeutende Rolle wie Mose.

Dass die erzählenden Teile des Buches Exodus mit dem strahlend leuchtenden Angesicht des Mose enden, ist nur folgerichtig; Mose ist tatsächlich eine verklärte Gestalt. Und es hat auch sein Recht, dass in unserer Bibel der erste Teil unter dem Namen »die fünf Bücher Mose« figurieren, auch wenn wir sie heute eher unter dem Namen »Tora« zusammenfassen. Es läuft auf dasselbe hinaus: Mose steht für die Tora, für die lebensfreundliche und verpflichtende Weisung JHWHs. Der Dichter Heinrich Heine sieht in Mose eine »Riesengestalt! [...] Wie klein erscheint der Sinai, wenn der Moses darauf steht! Dieser Berg ist nur das Postament, worauf die Füße des Mannes stehen, dessen Haupt in den Himmel hinaufragt, wo er mit Gott spricht« (zit. bei Assmann 2015, 232).

DAS HEILIGTUM: DIE BEFREIUNG FEIERN

Nun finden sich im Buch Exodus lange Abschnitte, die sich mit einem Thema befassen, das uns eher fernliegt: Es geht im Weitesten um den Kult, den Gottesdienst und um alles, was mit ihm zusammenhängt. Es handelt sich um die Kapitel 25 bis 31 und dann um die Schlusskapitel 35 bis 40. Nur auf einige wenige Passagen sei hier etwas näher eingegangen. Denn viele dieser Anweisungen betreffen das Zelt der Begegnung, die sogenannte Stiftshütte bzw. den Jerusalemer Tempel und die Opfer, die dort dargebracht werden sollen. Sie sind nicht einmal für das Judentum von aktueller Bedeutung; denn einen Tempel gibt es seit der Eroberung Jerusalems im Jahre 70 n. Chr. durch die Römer nicht mehr, und deshalb sind auch die dort üblichen Opfer Vergangenheit. Im Judentum gibt es auch keine Priester mehr, denn deren Dienst war auf den Tempel bezogen. Die Rabbiner verstehen sich nicht als Priester, sondern als Ausleger der Tora; sie, nicht mehr der Tempel, ist die Heimat, das »portative Vaterland« der Juden und Jüdinnen.

Vom Bau des Heiligtums, dem Zelt der Begegnung, handeln zunächst die Kapitel Exodus 25 bis 31. Es sind die Anweisungen Gottes an Mose zum Bau, zur Ausstattung und zum Betrieb des Heiligtums. Die Kapitel 35 bis 40 berichten dann von der Ausführung dieser Anweisungen. Zwei Beobachtungen zeigen, dass diese Texte, historisch gesehen, nicht in der Exoduszeit entstanden sind: Die eine Beobachtung betrifft die Aufforderung:

»*Sage den Israeliten, sie sollen eine Abgabe für mich* [das heißt: für den Bau des Heiligtums] *erheben. Von jedem, den sein Herz dazu treibt, sollt ihr die Abgabe für mich erheben.*« Ex 25,2

Wie überall im Alten Orient war der Bau eines Tempels Vorrecht und Verpflichtung des Königs. So ließ auch König Salomo den Tempel in Jerusalem bauen, wobei er allerdings auf erzwungene Abgaben und Frondienste des Volkes zurückgriff. Erst nach der Rückkehr aus dem Exil, als es in Juda und Israel keine Könige mehr gab, wurde der Bau des neuen Tempels – der salomonische war ja zerstört – zur Sache des ganzen Volkes, so wie es die ideale Vorstellung des Tempelbaus in Exodus 25 postuliert.

Die zweite Beobachtung, dass die Beschreibung des Baus der Stiftshütte aus der Zeit nach dem Exil stammt, ist die Erwähnung der Materialien, die die Israeliten zum Bau und der Ausstattung des Heiligtums spenden sollen: Gold, Silber, Bronze, blauen und roten Purpur, Karmesin, feines Leinen und Ziegenhaar, rot gefärbte Widderfelle, Tachaschhäute – möglicherweise Häute von Delphinen oder Seekühen – und Akazienholz. Woher hätten die Israeliten in der Wüste diese kostbaren Dinge nehmen sollen? Im Blick auf die Zeit nach dem babylonischen Exil kommen diese Materialien der Realität näher. Sinn und Zweck des zu bauenden Heiligtums ist, dass Gott damit mitten in Israel wohnen will:

Ex 25,8 »*Sie sollen mir ein Heiligtum errichten, und ich werde in ihrer Mitte wohnen.*«

Gottes Gegenwart ist nicht mehr länger auf dem Sinai lokalisiert; denn das Volk wird ja seinen Weg fortsetzen.

Und da das Zelt der Begegnung transportabel ist, wird Gottes Gegenwart mit dem Volk wandern.

Dass die Lade mit den Tafeln des Dekalogs der wichtigste Inhalt des Heiligtums ist, geht nun allerdings historisch auf frühe Zeiten zurück. Im zweiten, nach dem Exil wieder aufgebauten Tempel gab es gar keine Bundeslade mehr. Diese war wohl im Jahre 587 v. Chr. bei der Eroberung Jerusalems durch die Babylonier und der Zerstörung des Tempels verloren gegangen, wurde wohl als Kriegsbeute nach Babylon gebracht, wo sich ihre Spuren verlieren. Jeremia bezeugt es: Die Zeit werde kommen, »*da wird man nicht mehr sagen: Die Lade des Bundes des HERRN! Und sie wird niemandem mehr in den Sinn kommen, und man wird nicht mehr an sie denken, und man wird sie nicht vermissen, und sie wird nicht wieder hergestellt werden*« (Jer 3,16). Doch in der Frühzeit Israels repräsentierte die Bundeslade als Herzstück des Heiligtums die Gegenwart Gottes. »*In die Lade lege das Zeugnis, das ich dir gebe*« (Ex 25,21, gemeint sind eben die Dekalogtafeln. Vielleicht: nichts). Es zeigt, dass diese Gottesgegenwart zugleich die Gegenwärtigkeit und bleibende Autorität der Tora einschloss – eben die Tora als «portatives Vaterland«.

Die Bundeslade soll außerordentlich kostbar gebaut werden, mit Ringen, durch die Stangen geführt werden, damit man die Lade tragen kann. Das wird Exodus 25,10-22 detailliert beschrieben. Am Ende des Buches, in Exodus 40, wird dann berichtet, wie Mose das erbaute Heiligtum einweiht.

Ex 40,20-21 »*Dann nahm er das Zeugnis [die Steintafeln] und legte es in die Lade, brachte die Stangen an der Lade an und setzte die Deckplatte oben auf die Lade. Und er brachte die Lade in die Wohnung [in das Heiligtum], hängte den verhüllenden Vorhang auf und verdeckte so die Lade des Zeugnisses, wie der HERR es Mose geboten hatte.*«

In der Frühzeit Israels wurde die Lade als »Gott mit uns«-Repräsentation auch zu Kriegszügen mitgenommen, wobei sie einmal den Philistern in die Hände fiel, die dadurch aber samt ihrem Gott Dagon so schwer heimgesucht wurden, dass sie die Lade schnell nach Israel zurückbrachten (1Sam 4-6). Später holte sie David nach Jerusalem (2Sam 6), und sein Sohn Salomo stellte sie in das Allerheiligste des von ihm erbauten Tempels (1Kön 8).

Mose erhält genaue Anweisungen zur Errichtung des Heiligtums und zur Ausstattung, so als erstes zum siebenarmigen Leuchter, der Menora, die noch heute eines der wichtigsten Symbole des Judentums ist. Sie ziert seit 1948 das Wappen des Staates Israel. Kleinere oder größere Nachbildungen sind in vielen jüdischen – manchmal auch christlichen – Haushaltungen anzutreffen. Die Menora symbolisiert erstens den Lebensbaum und damit die lebensspendende Gegenwart Gottes. »Mit seinen Lichtern und der vollkommenen Siebenzahl seiner Arme symbolisierte der Leuchter zweitens den kosmischen Weltenbaum, der, im Mittelpunkt der Welt stehend, deren Stabilität und den Schutz für alle Kreatur symbolisierte« (Albertz 2015, 164). Das Symbol des Lebensbaums ist in der Mythologie und Ikonographie des Zweistromlandes vielfach bezeugt. Dort haben es möglicherweise Israeliten während des Exils in Babylon kennengelernt, und so wurde der Lebensbaum im zweiten, nach dem Exil erbauten Tempel zu einem wichtigen Gegenstand. Er muss tatsächlich noch in diesem von den Römern zerstörten Tempel gestanden haben, denn er ist auf dem Triumphbogen des Titus in Rom zu sehen. Titus, der Sieger im jüdischen Krieg, hatte ihn als Beute nach Rom gebracht und im Triumphzug vorgeführt.

Die Anweisungen zum Bau des Heiligtums in **Exodus 26** sind genau und detailliert, doch handelt es sich eher um »ein Heiligtum im Kopf der Leser« (Franziska Bark). Die Maße sind angegeben (mit Ausnahme des Höhenmaßes!); Zimmermann, Schreiner, Metallhandwerker und der Goldschmied erhalten präzise Instruktionen.

In **Kapitel 27** wird der Bau des Brandopferaltars und des Vorhofs beschrieben, in **Kapitel 28** die Gewänder der Priester, und zwar bis ins letzte Detail. Dazu nur ein kleines Beispiel:

Ex 28,31-35 »*Dann mache das Obergewand zum Efod [eine Art Weste], ganz aus blauem Purpur. In seiner Mitte soll die Kopföffnung sein. Rings um die Öffnung soll eine geweihte Borte laufen. Es soll eine Öffnung haben wie die eines Panzerhemdes, die nicht einreißt. An seinem Saum bringe Granatäpfel an aus blauem und rotem Purpur und aus Karmesin, an seinem Saum ringsum, und ringsum zwischen ihnen goldene Glöckchen: ein goldenes Glöckchen und ein Granatapfel, ein goldenes Glöckchen und ein Granatapfel, ringsum am Saum des Obergewandes. Und Aaron soll es zum Dienst tragen, und sein Klang soll zu hören sein, wenn er in das Heiligtum tritt vor den HERRN und wenn er es verlässt.«*

Das ist nur ein kleiner Abschnitt aus diesen Kleidervorschriften. Es lohnt sich, das ganze Kapitel einmal zu lesen; der da beschriebene Reichtum und die Schönheit der Farben, der Materialien und der Formen sind berückend, wenn man dafür Sinn hat. Modedesigner könnten sich davon inspirieren lassen.

Ebenso ausführlich sind in **Exodus 29** die Anweisungen für die Amtseinsetzung der Priester und für die Rauch- und Brandopfer, die es dazu braucht. Was dabei über das Schlachten und Ausweiden der Opfertiere und die Blutrituale erwähnt wird, ist für zarte, zivilisierte Gemüter schwer nachvollziehbar. Schließlich erhält Mose noch Instruktionen, wen er mit allen diesen

Arbeiten beauftragen soll: »*Sie sollen alles ausführen, was ich dir geboten habe*« (Ex 31,6). Nicht nur die Pläne, auch die Liste der zu berücksichtigenden Künstler und Handwerker liegt vor ihm. Man könnte ans Werk gehen. Aber Mose bleibt während vierzig Tagen und Nächten auf dem Sinai; kein Wunder bei all dem, was Gott ihm zum großen Bauvorhaben diktiert. Und unterdessen passiert die Sache mit dem goldenen Kalb, und das Bauvorhaben wird einstweilen sistiert.

Erst nach dem erneuerten Bundesschluss, nachdem der große Riss zwischen Israel und seinem Gott geheilt ist, kann man daran gehen, das Zelt der Begegnung mit allem, was dazugehört, in Angriff zu nehmen. Die Ausführung des ganzen Vorhabens und seine Vollendung sind das Thema der letzten **Kapitel 35 bis 40.** Jetzt gibt Mose die Anweisungen, die er von Gott erhalten hat, an die Israeliten und an die jeweils für den betreffenden Auftrag Zuständigen weiter. Gott ist der Architekt, Mose der Bauführer. In der gleichen Reihenfolge, in der die Anweisungen ergingen, werden nun die Aufträge ausgeführt, wobei fast alle Details nochmals erwähnt werden. Zu Beginn, in Kapitel 35, ruft Mose die Israeliten auf, sich mit ihren Abgaben am Bau und der Ausstattung des Heiligtums zu beteiligen:

»Jeder, dessen Herz dazu bereit ist, bringe die Abgabe für den HERRN.« Ex 35,5

Der Erfolg des Aufrufs ist umwerfend:

»Dann kamen sie, jeder, den sein Herz dazu drängte. Ex 35,21
Und jeder, den sein Geist dazu trieb, brachte die Abgabe für den Herrn für die Arbeit am Zelt der Begegnung und für den gesamten Dienst darin.«

Es liest sich wie ein Gegenstück zur Geschichte vom goldenen Kalb. Damals haben die Israeliten ihren Schmuck zur Herstellung des Gottesbildes hergegeben, jetzt bringen sie ihre Schätze für die Errichtung des Heiligtums für JHWH. Ja, die Begeisterung und Bereitschaft zu spenden und mit eigener Arbeit zum Gelingen beizutragen sind so groß, dass Mose Einhalt gebietet. Die für die Arbeiten Verantwortlichen kommen zu Mose und berichten ihm:

Ex 36,5-7 *»Das Volk bringt viel mehr, als nötig ist für die Arbeit am Werk, dessen Ausführung der HERR geboten hat. Da befahl Mose, und man ließ durch das Lager den Ruf ergehen: Es soll niemand mehr, weder Mann noch Frau, eine Arbeit tun als Abgabe für das Heiligtum. So wurde das Volk davon abgehalten, noch mehr herbeizubringen. Und sie hatten, was sie brauchten für die Ausführung des ganzen Werks, mehr als genug.«*

Es geht den Verfassern dieses Berichts offensichtlich darum zu zeigen, dass sich die Israeliten freiwillig und mit grenzenloser Großzügigkeit für den Bau des Heiligtums einsetzten, dass es ihnen eine Herzensangelegenheit war. Es ist möglich, dass hinter diesem Bericht etwas spürbar wird von der Begeisterung der Jerusalemer, als nach der Rückkehr der Exilierten aus Babylon der Wiederaufbau der Stadt und des Tempels in Angriff genommen wurde (vgl. dazu Esra 3-5!). Vielleicht sollte diese Begeisterung aber auch erst entfacht werden; beim Propheten Haggai begegnet man alles andere als Begeisterung.

Was sollen wir anfangen mit diesen detaillierten Beschreibungen des Heiligtums und des in ihm vorgesehenen kultischen Betriebs? Den Protestanten ist das sehr fern und ist auch weit weg von ihrem Gottesdienstverständnis. Das gilt ganz besonders für alle Bestimmungen betreffend die Tieropfer. Man wird dies alles mit der nötigen Distanz zur Kenntnis nehmen. Dennoch liegt darin ein zeiten- und kulturüberschreitendes Wahrheitselement: Die Befreiten sollen und wollen ihre Befreiung und den Gott ihrer Befreiung feiern. Und sie lassen sich ihre Freude und Dankbarkeit etwas kosten. Die Gottesdienste sollen schön und würdig sein. Und so werden die besten und kostbarsten Materialien dazu verwendet. Die römisch-katholische und auch die orthodoxen Kirchen haben manches übernommen, was im alten Israel zum Kult gehörte. Und wenn in den letzten Jahrzehnten auch in den reformierten Kirchen Kerzen in Gebrauch kamen oder wenn neuerdings der Abendmahlstisch mit Antependien, schönen handgewobenen

Tüchern in den Farben des Kirchenjahrs bedeckt ist, mag das nicht zuletzt ein Reflex der Ausschmückung des Zeltes der Begegnung und des Jerusalemer Tempels sein. Als mir einmal eine Frau ihre Verärgerung über diese Tücher gestand – »Was soll jetzt dieses katholische Zeug!« –, gab ich ihr zur Antwort, sie solle das doch einmal einfach von der ästhetischen Seite sehen.

Allerdings gibt es da einen ernsten Vorbehalt: Wenn die Tora im Allerheiligsten eingesperrt und verschlossen bleibt, eingeschlossen in großartigen Tempeln und Kirchen, überdeckt mit Gold und Edelsteinen, wenn sie nicht im Herzen der Menschen ist und ihr Leben und Verhalten prägt, wenn sie die Menschen nicht anleitet zum Einsatz für Gerechtigkeit und Solidarität, dann fällt der ganze Kultbetrieb in sich zusammen und fällt unter die scharfe Kritik der Propheten, etwa des Amos oder Jesajas. Man lese nur Jesaja 58! Und die Tora, wie sie im Buch Exodus zu lesen ist, legt ja selber größtes Gewicht auf Gerechtigkeit und Solidarität. Ethik und Ästhetik schließen sich nicht aus, aber die Ethik, die Gerechtigkeit hat den Vorrang. Schönheit soll zum Tun des Gerechten inspirieren und ermutigen.

EPILOG

Das Buch Exodus ist die Geschichte der Befreiung. Israels Gott ist mit seinem Volk unterwegs und hat sich ihm in einem Bund verpflichtet, der auch die Befreiten in Pflicht nimmt. Gott erweist sich als »Bundesgenosse« (Kurt Marti), der sich auf eine Geschichte mit den Menschen einlässt, eine Geschichte, die noch nicht zu Ende ist. Das ist das Revolutionäre gegenüber anderen Religionen, nicht nur denen des Alten Orients und der Antike.

Das Buch Exodus erzählt von den zwei Seiten Gottes, der hellen und der dunkeln Seite, aber auch, dass die helle Seite einen Vorsprung hat gegenüber der dunkeln – und dass es nicht zuletzt ein Mensch, Mose, ist, der an Gottes helle Seite appelliert und sie zum Leuchten bringt. Das Buch Exodus zeigt uns, dass das Geschenk der Freiheit Grund zur Freude und Dankbarkeit ist und dass man diese Freiheit auch festlich feiern soll. Es zeigt aber auch, dass erworbene und geschenkte Freiheit stets in Gefahr ist, verspielt zu werden.

Die Gebote, die Tora, wollen die Menschen davor bewahren, dieser Versuchung zu erliegen; sie dienen der Bewahrung der Freiheit. Um es abschließend nochmals mit den Worten Jan Assmanns zu sagen: »Der Exodus-Mythos [...] erzählt von den Kindern Israels, die Gott aus ägyptischer Knechtschaft befreit und aus den Völkern erwählt, um mit ihnen zusammen das Projekt einer gerechten Gesellschaft zu verwirklichen« (Assmann 2015, 20 f.).

Und nicht zuletzt lässt sich am Beispiel des Buchs Exodus sehen, wie in der Bibel oft Historisches und Sagenhaftes miteinander verwoben sind, und dass es zum Verstehen der Bibel nötig ist, zwischen Geschichte und Gedächtnisgeschichte zu unterscheiden. Manches, was erzählt wird, hat sich historisch nicht genau so zugetragen. Es ist in manchem nicht historische Realität, aber es ist zeitübergreifende Wahrheit. »Das Buch Exodus enthält die wahrscheinlich grandioseste und folgenreichste Geschichte, die sich Menschen jemals erzählt haben« (Assmann 2015, 19).

LITERATURHINWEISE

Albertz, Rainer, Religionsgeschichte Israels in alttestamentlicher Zeit, Teil 1 und 2, Göttingen 1992.

Albertz, Rainer, Exodus 1-18 und Exodus 19-40, Zürcher Bibelkommentare, Zürich 2012 und 2015.

Assmann, Jan, Moses der Ägypter. Entzifferung einer Gedächtnisspur, München und Wien 1998.

Assmann, Jan, Exodus. Die Revolution der Alten Welt, München [3]2015.

Bark, Franziska, Ein Heiligtum im Kopf der Leser: Literatur analytische Betrachtungen zu Ex 25-49, Stuttgart 2009.

Cline, Eric H., Warum die Arche nie gefunden wurde. Biblische Geschichten archäologisch entschlüsselt. Deutschsprachige Ausgabe, Darmstadt 2016. Darin Kapitel 4, Mose und der Exodus, S. 85-123.

Crüsemann, Frank, Bewahrung der Freiheit. Das Thema des Dekalogs in sozialgeschichtlicher Perspektive, München 1983.

Crüsemann, Frank, Die Tora. Theologie und Sozialgeschichte des alttestamentlichen Gesetzes, München 1992.

Crüsemann, Frank, Freiheit durch Erzählen. Zur Geschichte des Exodus-Motivs. EvTheol 61/2001, S. 102 ff.

Dietrich, Walter / Link, Christian, Die dunklen Seiten Gottes. Willkür und Gewalt, Neukirchen 1995.

Dietrich, Walter, Die frühe Königzeit in Israel. 10. Jahrhundert v. Chr. Biblische Enzyklopädie 3, Stuttgart 1997.

Dietrich, Walter, Über Werden und Wesen des biblischen Monotheismus. Religionsgeschichtliche und theologische Perspektiven. In: Dietrich, »Theopolitik«. Studien zur Theologie und Ethik des Alten Testaments, Neukirchen 2002.

Dietrich, Walter, »Israel in Egypt«. Ein musik- und bibeltheologischer Essay über Georg Friedrich Händels Oratorium. In: Dietrich, Gottes Einmischungen. Studien zur Theologie und Ethik des Alten Testaments. Neukirchen 2013. Erstveröffentlichung in Lichtenberger, Hans P. und Frettlöh, Magdalene L. (Hg.), Gott wahrnehmen. Festschrift für Christian Link, Neukirchen 2003, S. 169 ff.

Dohmen, Christoph, Mose. Der Mann, der zum Buch wurde. Biblische Gestalten, Band 24, Leipzig 2011.

Donner, Herbert, Geschichte des Volkes Israels und seiner Nachbarn in Grundzügen. Teil 1: Von den Anfängen bis zur Staatenbildungszeit, Göttingen 1984.

Ebach, Jürgen, »Jeder nach seinem Essbedarf«. Die Geschichte vom Mannawunder, In: Ebach, Ursprung und Ziel. Erinnerte Zukunft und erhoffte Vergangenheit, Neukirchen 1986.

Ebach, Jürgen, Die Schwester des Mose. Anmerkungen zu einem »Widerspruch« in Exodus 2,1-10. In: *Ebach,* Hiobs Post. Gesammelte Aufsätze zum Hiobbuch und zu Themen biblischer Theologie, Neukirchen 1995.

Ebach, Jürgen, Nicht nur die zehn Gebote. In: Ebach, »... und behutsam mitgehen mit deinem Gott«, Bochum 1995.

Ebach, Jürgen, Die zehn Gebote, in: Ebach, Weil das, was ist, nicht alles ist, Frankfurt a. M., 1998. *Ebach, Jürgen,* Das Buch Exodus und die Frauen. In: Ebach, Vielfalt ohne Beliebigkeit. Theologische Reden 5, Bochum 2002.

Ebach, Jürgen, »Kein Aug' hat je gespürt ...«. Vom Sehen Gottes und der Menschen, in: Ebach, Ein weites Feld – ein zu weites Feld? Bochum 2004.

Ebach, Jürgen, Das Alte Testament als Klangraum des evangelischen Gottesdienstes, Gütersloh 2016. *Finkelstein, Israel, Silberman Neil A.,* Keine Posaunen vor Jericho. Die archäologische Wahrheit über die Bibel, München 2002.

Gunneweg, Antonius H. J., Mose in Midian. ZThK 61 (1964), S. 1-9.

Herrmann, Siegfried, Mose. Ev.Theol 28 (1968), S. 301-328.

Heschel, Abraham Joshua, Der Sabbat. Seine Bedeutung für den heutigen Menschen, Neukirchen 1990.

Jacob, Benno, Das Buch Exodus, herausgegeben von Shlomo Mayer, Stuttgart 1997. Benno Jacob arbeitete an diesem Kommentar von 1935 bis 1943. Als Buch erschien er damals nicht, sondern existierte nur als Mikrofilm und einigen Kopien.

Kaiser, Gerhard, War der Exodus der Sündenfall? Fragen an Jan Assmann anlässlich seiner Monographie »Moses der Ägypter«, ZThK 98/2001, S. 1 ff.

Levin, Christoph, Das vorstaatliche Israel, ZThK 97 (2000), S. 385-403.

Miskotte, Kornelis Heiko, Wenn die Götter schweigen. Vom Sinn des Alten Testaments, München 1963.

Noth, Martin, Das zweite Buch Mose. Exodus. ATD, Göttingen 1961.

von Rad, Gerhard, Theologie des Alten Testaments, Band 1, Die Theologie der geschichtlichen Überlieferungen Israels, München 1958.

Römer, Thomas, Der Pentateuch. In: *Dietrich, Mathys, Römer, Smend*, Die Entstehung des Alten Testaments, Stuttgart 2014.

Schmid, Konrad, Das Exodusbuch heute lesen, Zürich 2023.

Utzschneider, Helmut / Wolfgang, Oswald, Exodus 1-15. Internationaler Kommentar zum Alten Testament, Stuttgart 2013.

Zenger, Erich u.a., Einleitung in das Alte Testament, Stuttgart 1995 und viele Neuauflagen.